大学英语教学理论及实践应用研究

李 嫱 葛吉贞 邹海天 ◎ 著

中国商务出版社
·北京·

图书在版编目（CIP）数据

大学英语教学理论及实践应用研究 / 李嫱，葛吉贞，邹海天著. -- 北京：中国商务出版社，2023.8
 ISBN 978-7-5103-4807-5

Ⅰ. ①大… Ⅱ. ①李… ②葛… ③邹… Ⅲ. ①英语—教学研究—高等学校 Ⅳ. ①H319.3

中国国家版本馆 CIP 数据核字(2023)第 165788 号

大学英语教学理论及实践应用研究
DAXUE YINGYU JIAOXUE LILUN JI SHIJIAN YINGYONG YANJIU

李嫱　葛吉贞　邹海天　著

出　　版：	中国商务出版社	
地　　址：	北京市东城区安外东后巷28号　邮　编：100710	
责任部门：	外语事业部（010-64283818）	
责任编辑：	李自满	
直销客服：	010-64283818	
总 发 行：	中国商务出版社发行部　（010-64208388　64515150）	
网购零售：	中国商务出版社淘宝店　（010-64286917）	
网　　址：	http://www.cctpress.com	
网　　店：	https://shop595663922.taobao.com	
邮　　箱：	347675974@qq.com	
印　　刷：	北京四海锦诚印刷技术有限公司	
开　　本：	787毫米×1092毫米　1/16	
印　　张：11		字　数：227千字
版　　次：2024年4月第1版		印　次：2024年4月第1次印刷
书　　号：	ISBN 978-7-5103-4807-5	
定　　价：60.00元		

凡所购本版图书如有印装质量问题，请与本社印制部联系（电话：010-64248236）

版权所有　盗版必究　（盗版侵权举报可发邮件到本社邮箱：cctp@cctpress.com）

前言

在当今全球化的时代背景下，英语已成为一种不可或缺的国际交流工具。大学英语教学的理论与实践应用研究，旨在探索有效的教学方法和策略，以提高学生的英语水平和跨文化交际能力，这一研究领域的重要性不言而喻，因为它直接关系到教育机构和教师的教学质量，以及学生在竞争激烈的职场中的就业竞争力。随着信息技术的迅猛发展和互联网的普及，传统的英语教学方法已经不再适应学生的学习需求。教育者不断尝试采用创新的教学策略，如基于项目的学习、合作学习和自主学习等，以激发学生的学习兴趣和提高他们的学习效果。此外，大学英语教学理论及实践应用研究也关注教师的角色和能力发展。教师作为教学的关键环节，需要不断更新自己的教学理念和方法，提升自身的专业素养和教学技能。研究教师培训和发展的最佳实践，对于提高英语教学质量具有重要意义。

鉴于此，笔者写作了《大学英语教学理论及实践应用研究》一书，首先探讨英语教学的基本理论，并对英语教学内容及创新进行探究；其次详细论述英语教学的方法、英语教学的模式；最后围绕英语教学的创新实践、英语教学中的多元化应用进行研究。

本书旨在探讨大学英语教学理论及实践应用研究的特点，以满足现代教育需求和学生的学习目标。首先，全书的结构科学，论述清晰，旨在为读者提供一个全面而系统的理论框架，以指导他们在教学实践中做出明智的决策；其次，本书不仅关注课程内容的调整和更新，还注重培养学生的创新思维、团队合作和实践能力。另外，本书还呼吁构建更加灵活、多元化的课程体系，以培养具备全球竞争力的英语人才。

本书借鉴了许多专家的研究文献，受到专家和教师的指导与帮助，在此表示深深的感激。尽管作者进行了多次修改和校验，但个人水平有限，难免存在疏漏。因此，真诚请求广大读者提供批评和指正，以便改进和完善本书。

目　　录

第一章　英语教学的基本理论 ……………………………………………… 1

　　第一节　英语教学目标与原则 ……………………………………………… 1
　　第二节　英语教学过程与因素 ……………………………………………… 5
　　第三节　英语教学的维度分析 ……………………………………………… 12

第二章　英语教学内容及创新 ………………………………………………… 26

　　第一节　英语词汇与语法教学 ……………………………………………… 26
　　第二节　英语听力与口语教学 ……………………………………………… 37
　　第三节　英语阅读与写作教学 ……………………………………………… 40
　　第四节　英语翻译教学及创新 ……………………………………………… 44

第三章　英语教学的方法分析 ………………………………………………… 56

　　第一节　英语的常用教学法分析 …………………………………………… 56
　　第二节　英语教学中的学习法创新 ………………………………………… 102
　　第三节　英语教学中文化渗透的方法 ……………………………………… 115
　　第四节　"互联网+"背景下英语教学有效方法 …………………………… 116

第四章　英语教学的模式构建 ………………………………………………… 118

　　第一节　英语多模态教学模式 ……………………………………………… 118
　　第二节　英语分级教学模式 ………………………………………………… 119

第三节　英语微课与慕课教学模式 …………………………………… 126
　　第四节　英语翻转课堂教学模式 ……………………………………… 140
　　第五节　英语线上线下混合式教学模式 ……………………………… 142

第五章　英语教学的创新实践 ………………………………………… 144
　　第一节　英语个性化教学研究 ………………………………………… 144
　　第二节　创客教育理念下的英语教学实践 …………………………… 145
　　第三节　信息技术与英语教学的整合实践 …………………………… 147
　　第四节　媒体融合视角下的英语教学实践 …………………………… 153

第六章　英语教学中的多元化应用研究 ……………………………… 155
　　第一节　英语教学中多元智能理论的应用研究 ……………………… 155
　　第二节　英语教学中任务型语言教学法的应用 ……………………… 156
　　第三节　英语教学中微信公众平台的应用研究 ……………………… 159
　　第四节　英语教学中计算机辅助语言教学的应用研究 ……………… 162

参考文献 …………………………………………………………………… 165

第一章　英语教学的基本理论

第一节　英语教学目标与原则

一、英语教学的目标

（一）英语教学目标的设定

"英语是一门语言学科，是用来交流的工具，听、读、写三种能力是英语教学之中的主要形式是学生能否熟练使用这门语言的基础。"[①] 随着教育改革的发展，英语教学的目标逐渐变为以实用为主，应用为目的，为培养生产、技术、服务、管理等方面的人才，应将英语纳入语言应用的范畴。在英语教学过程中，学生应该有意识地去运用英语交流，多用方能自如，通过连续的套用模拟，让学生在模拟—运用—拓展中找到语感，以后在相似的环境下即可自由切换，先找到语感，再完善细节，能够增强学生的自信心。

（二）实现教学目标的原则

英语教学的基本原则需要包含语言学科的特点，还有符合学生学习的心理特征，掌握英语教学的具体原则，可以更好地实现英语教学目标，使教学质量得到较高的保证。

1. 以人为本原则

在教育过程当中，学生才是教学过程的主体，这样的观念可以被称为教育当中的以人为本观念，或者以学生为中心原则。以学生为中心原则就是在教学的过程当中以学生为

---

① 马丽. 高校英语教学目标中读听写的关系研究 [J]. 新教育时代电子杂志（教师版），2017（3）：33.

主，根据每一个学生的不同情况制订不同的教学计划。学生的不同情况包括：学生的学习目标，学生的学习习惯、学生的学习兴趣、学生的学习困难等。因此，教师在制订学习计划的时候不能统一制订一个，而是要根据不同学生制订不同计划。教师这么做的目的也是为了让学生克服学习的畏难情绪，积极学习知识，从而形成良性循环。在这样教学环境当中的学生，可以顺从自己的学习方式，以自我为学习的中心，拿出最大限度的精力和热情，更加积极主动地学习。

2. 兴趣性教学原则

在英语教学过程当中，只有兴趣是可以让学生高效率学习的内驱力。学生对于未知的领域天然抱有一种好奇心，教师应该充分利用他们的好奇心，引导他们以积极的态度探索英语学习领域，增强学生对于英语学习的兴趣。高职英语教学还应注重兴趣领域的影响原则，在学生感兴趣的情况下，充分调动学生的情感因素，让他们能够主动学习英语，热爱英语学习氛围。以兴趣原则为指导的英语教学活动，可以从以下三方面着手：

（1）充分了解学生的特点。教师应充分了解学生的特点，每个学生的性格都是不尽相同的，因为各个学习因素的差别，每个学生的个人特点也就不一样。根据每个学生的不同来制订不同的教学计划，在尊重学生的基础上，让学生自己对英语学习产生兴趣。学生感受到了学习的乐趣之后，对于学习的热情就会高涨，主动学习成为学生的学习状态，学习的效率才会提升。

（2）改变教学方式与评价方式。在高职英语教学方式进行改革之后，高职英语的学习更多的是使学生掌握英语技能，了解英语语言的内在逻辑，从而为未来的语言交流奠定基础。

（3）对教材进行深度挖掘。教材在教学中发挥着重要作用，教师和学生在课堂上都会以教材为基准，进行英语学习的推进。教师对于教材，应该在课前就提前摸透，对于教材当中的难点、重点加以把握，还要尽量规避教材当中枯燥的地方，以学生感兴趣的点作为讲解切入点，引起学生学习兴趣。

（三）英语教学目标的内容

英语教学的主要目标是培养学生实际应用英语进行交流的能力，特别是在与职业相关的场景中，具体的目标内容如下：

第一，提高学生英语听、说、读、写的综合语言水平，使其具备英语沟通、交流和应用的能力。

第二，帮助学生熟练掌握职业领域所需的基本英语词汇、语法和表达方式，为他们未来在职场中的交流奠定基础。

第三，通过多种教学手段，鼓励学生积极参与到英语教学中来，提高他们的学习兴趣和自主学习能力。

第四，培养学生跨文化交际的能力，增强他们的国际化视野和跨文化沟通能力。

总而言之，高职英语教学的目标是根据学生未来职业需要，培养他们良好的英语水平，使他们能够在职场中胜任各种英语交流任务。

二、英语教学的原则

"英语教育应坚持实施多元化的教学策略，构建具有人文特色的文化教育体系，只有在英语教育中有意识地引入科学的文化评价机制，重视多元文化的发展，保持自身的文化独立性，才能真正建设一系列高标准的高校英语课程"[①]。英语教学原则主要包含以下两方面：

（一）交际性原则

语言是交际的工具，人们主要通过语言来交流思想、传递信息。交际是在特定语境中，说话者和听话者、作者和读者之间的意义转换。由此可以得出以下启示：①交际包括口语和书面语两种交际形式；②交际总是发生在一定的语境之中；③交际需要两个以上的人参与并产生互动。学习英语的首要目的就是使用英语进行交际，而英语教学的首要目标就在于培养学生的交际能力。交际能力的核心就是能够运用所学的语言知识在不同的场合下与不同的对象进行有效的、得体的交际。因此，教师在英语教学中要贯彻交际性的原则，使学生能用所学的英语与人交流，要在教学过程中努力做到以下三方面：

1. 充分认清英语课程的性质

英语课程是一种技能培养类的教学活动，其重点在于将语言作为沟通交流的工具来传授、学习和使用，而不是把传授语法规则和零散的单词用法作为教学终极目的，该课程旨在使学生能够通过所学的语言与他人进行有效的信息交流。在教学过程中，教、学、用三个方面构成一个有机的相辅相成的统一体，其中的核心在于使用。因此，教师转变以往陈旧的教学观念，认清课程的性质，是落实交际性原则首先需要解决的问题。

2. 注重培养学生语言使用的得体性

英语教学的首要目标在于培养学生进行有效交际的能力，根据交际性原则，学生要具

---

① 陈思孜. 多元文化视域下高校英语教学理论与有效方法研究 [J]. 科教导刊-电子版（上旬），2021（3）：233.

备良好的交际能力，需要能够在适当的时间、适当的地点，以适当的方式向适当的人讲适当的话，创设情景，开展多样的交际活动，课堂游戏、讲故事、猜谜语、编对话、角色扮演、话剧表演、专题讨论或者辩论等，都有助于学生在创设的情景中充分表现自己，从而掌握地道的语言。

3. 进行有效的精讲多练

英语课的工作内容包括语言知识的讲授和实践的练习两个方面。讲授语言知识是指在课堂中对学生进行知识传授，而实践练习则是进行实际的语言训练。在英语课上，适度的语言知识讲授对于提高学习效果是必要的。因为英语作为一种技能，只有通过实际的训练才能够获得。因此，教师必须清楚，讲解的目的在于帮助学生更好地训练。在语言训练的过程中要针对学生的具体问题给以点拨，这不仅有利于学生语言交际能力的培养，还有助于学生养成良好的学习与思维习惯。在进行了必要的讲解之后，要给学生留出足够的训练时间。

（二）输入与输出原则

输入是学生通过听和读接触英语语言材料，输出是学生通过说和写来进行表达。一方面，在人们学习英语的过程中，能理解的总是比能表达的要多；另一方面，语言输入的量越大，语言输出的能力就越强。有效的语言输入应具备以下三方面的特点：①可理解性。如果学生不能理解所输入的语言，那么这些输入无异于噪声，是不能被接受的；②趣味性或恰当性。所输入的语言材料还要使学习者感兴趣。要使学生对语言输入感兴趣，最好使他们意识不到自己是在学英语，把其注意力放在意义上；③足够的输入量。要习得一个新句型需要数小时的泛读以及许多的讨论才能完成。教师在教学过程中应该注意以下两方面：

第一，尽可能多地让学生接触英语。在教学过程中，应尽可能让学生接触更多的英语。有很多途径可以让学生接收可理解的英语输入，如视觉、听觉和阅读等。这些输入可以是相应级别的声像素材、展示学生生活和学习场景、适合学生水平的英语读物以及符合时代潮流的资讯等。为了帮助学生扩大语言接触面，教师还应打破课堂内外的界限，尽可能帮助学生丰富在不同场景下的英语学习体验。

第二，输入内容和输入形式的多样化。学生接触的英语既要有声的，又要有图像的，还要有文字的，而且语言的题材和体裁以及内容要广泛，来源多样化。教师要注意根据上述语言输入的分类，尽可能地为学生提供多种形式的输入。

第二节　英语教学过程与因素

一、英语教学的过程

在英语教学过程中，要遵循以下原则：

（一）重视教学过程的兴趣性

兴趣在英语教学中发挥着至关重要的作用。因此，教师应意识到兴趣的重要性，在教学中多借鉴其他优秀的教学方法去唤醒学生的情感，激发学生英语学习的积极性，这样，学生就能更加自觉地进行英语学习。调动学生的兴趣可以通过以下方法实现：

1. 深度挖掘教材内容

教材依然是教师开展教学活动的主要辅助性工具，教材中涉及丰富的、系统的知识，教师在备课过程中，需要将教材中可以引起学生兴趣的内容挖掘出来，这样学生在学习时就能感受到无限乐趣，也就更加愿意学习。例如，教师可以为学生创设英语教学情境，将师生在日常生活中的问候对话搬到课堂上，使英语教学变得日常化，这些简单的、熟悉的对话能让学生产生共鸣，用英语来表述时也会相对容易一些。正是在熟悉的场景中开展英语对话，学生才能放松心态，其英语应用能力才会有所提高。

2. 尊重学生的主体性

教师必须认清教育的本质，了解教育是一种主动的过程，同时教师也应该放下自己所谓的固有姿态，认识到这样一个事实，那就是英语课堂的主体是学生，只有学生主动地、自觉地进行英语学习，英语教学才能取得不错的效果，而学生的英语学习能力才能有所提高。基于此，英语教师应该在总结学生生理和心理特点的基础上，了解英语学习的规律，并在遵循这些规律的前提下，采用多样的教学方法，以激发学生的兴趣，鼓励学生主动学习，积极参与英语实践和互动。

（二）把握教学过程的系统性

英语教学本身就是一个复杂的系统，包含非常多的内容，因此，在教学过程中，教师要明白英语教学过程不是一蹴而就的，它需要循序渐进，只有从整体上出发，在把握系统性原则的基础上，才能够保证英语教学的有序性。而要遵循系统性，教师就需要做到以下两方面：

第一，系统安排学生学习。学习活动虽然琐碎，但是若从宏观上而言，可以发现，任何学习活动到最后都具有一定的系统性。因此，教师要帮助学生进行连贯的学习，让学生可以从系统的角度构建自己的英语知识结构体系。因为学生的学习意识与学习习惯养成并不容易，这就需要教师一定要有恒心，不仅在课上要时刻对学生的学习做出合理的安排，而且在课下也能对学生的学习做出恰当的安排。

第二，系统安排教学内容。英语教学内容的安排并不是随意进行的，需要教师按计划进行。教材的编排从一开始就确立了其系统性，编排者在总结教学规律与学生学习规律的前提下编排教材，为教师与学生提供了一个鲜明的结构层次。换言之，教师根据目录结构编排内容，本身就遵循了一定的教学规律。在英语教学过程中，教师对于生词和新的语法，要逐步进行，由浅入深，教学内容的安排需要以教学的系统为指导，内容安排才会更加科学、合理。

（三）教学过程的灵活多样性

1. 教学模式的灵活多样

多媒体教学、翻转课堂教学、移动课堂教学等新的教学模式不断涌现，让英语课堂变得灵活多样。基于信息技术的教学模式在一定程度上拓展了英语教学的空间，教师借助互联网可以搜集到更多的教学资源。同时，这种教学模式还极大地改善了学生的学习情况，不仅丰富了学生的学习内容，最重要的是，还为学生提供了更加多样的学习形式。在互联网的支持下，学生的学习活动相对变得比较容易，教师利用互联网下载文字、音频、视频等资源，为学生营造一个多样的学习环境，通过对学生进行多感官刺激，让其找到自己喜欢的教学方法，从而可以调动其英语学习的热情。在新的教学模式下，学生在学习活动中的角色也发生了明显的变化，学生不仅是自身学习任务的设计者，而且也是学习活动的合作者与评估者。

2. 教学评价的灵活多样

英语教学的评价要倡导多元评价，可以不同的评价方式进行整合，以实现评价的最优化。例如，可以将形成性评价与终结性评价结合起来。评价也应该有所侧重，要将文化知识及应用等相关内容纳入评价对象体系中。需要注意的是，评价应该是从多个层面展开的，教师不是评价的唯一主体，学生也要参与评价，可以是对自我的评价，也可以是同伴之间的评价。学生之间的互评不仅能让学生通过他人角度了解自己的学习情况，而且还能加强彼此之间的联系，维护关系的和谐，多种多样的评价方式可以让学生置身自由、和谐的学习氛围中。

考核形式也不应固定、单一，可以将开卷考试与闭卷考试结合起来的方式，也可以采取将笔试与面试结合起来的方式，相对而言，面试可能要增加符合英语的特点，教师与学生可以面对面直接交流，但在实际评价过程中，这种方式很少为教师所使用。在具体运用何种评价方式进行评价时，教师要灵活选择，可以让学生进行个人阐述，也可以让其采取小组讨论的形式，或者可以采取答辩的方式，但无论使用何种方式，教师都要从学生的实际情况出发，在了解学生学习情况与个人特点的基础上选择合适的评价方式，以保证评价的科学性、合理性。

二、英语教学的因素

（一）环境因素

英语教学系统还包括环境要素，环境也能对英语教学产生影响，这种环境主要指的是社会环境与学校环境。

第一，社会环境因素。社会环境对英语教学的影响不小，社会经济发展水平可以影响英语教学，科学技术发展水平、社会群体等也能对英语教学产生影响。此外，社会对英语人才的需求程度更是决定了培养英语人才的思路与计划。社会环境因素对英语教学所产生的作用主要是一种导向作用，引导着英语教学向着能够促进社会发展与进步的方向发展。

第二，学校环境因素。学校环境不仅包括教室、教具等，而且还包括只能感知的校风班风与人际关系等，可见，学校环境的内涵是极为丰富的，教师在开展教学活动时也应该考虑学校环境的因素，为学生营造良好的英语学习氛围，增加与学生之间的互动，加强情感关联。

（二）内容因素

为了实现预先制定的教学目标，就需要设置恰当的教学内容，一般而言，教学内容体系丰富，不仅包括大家普遍熟悉的知识、思想、概念以及原理等，而且还包括技能、问题以及行为习惯等。于教师而言，在开展教学活动的过程中，教师必须有一定的依凭，而教学内容就是这一重要依据。于学生而言，在开展学习活动的过程中，学生也需要有一定的学习对象，而教学内容就是学生需要理解与掌握的对象。

教学内容对于教学活动的有效开展是非常重要的。当教学内容确定下来后，教师才能制订教学计划，确定教学方法与策略，根据教学内容因材施教，这样才能培养出高质量的英语人才。因此，教学内容对英语教学也能产生影响，且这种影响的范围还非常广。英语教学内容非常丰富，主要包括以下五方面：

第一，语言知识。语言知识是学生学习的基础性内容，同时也是学生进行英语语言应用的前提，如果学生没有掌握扎实的英语知识，其就无法具有较强的应用能力。

第二，语言技能。通常而言，学生在学习英语过程中必须具备四项最为基本的技能，就是大家熟悉的听、说、读、写技能，同时，这四项技能也是学生进行英语实践活动的基础与手段。

第三，文化意识。英语教学不仅包括英语语言教学，还包括文化教学，学生接触与掌握英语国家的文化，可以帮助其了解不同国家的特色文化，更好地进行英语学习。因此，教师在教授英语语言知识之外，还要向学生传递文化知识，让学生了解文化之于语言的重要性。

第四，学习策略。为了促进学生更好地学习，通常教师会依据教学内容实施不同的教学策略。而对于学生而言，为了能让自己获得不错的英语学习效果，他们也会在学习过程中使用学习策略。学习策略的选择至关重要，合理的、正确的学习策略不仅能提高学生学习英语的质量与效率，更重要的是，还能让学生养成自主学习的好习惯。因此，在教学过程中，教师要帮助学生确立适合自己的学习策略。

第五，情感态度。学生的学习活动同时也会受到其情感态度的影响，这就要求英语教师在教学过程中要时刻关注学生的情感动态，当学生情感出现波动时，教师要及时关怀学生，给予学生安慰，让其明白英语学习与其他学习一样，都是不容易的，学好英语良好的心态非常重要，这样就帮助学生培养出了积极的情感态度。教师还要注意激发学生学习英语的兴趣，只有学生形成英语学习的兴趣，才能在英语学习过程中将这种兴趣转变为动机，在动机的驱使下，学生就能逐步树立学习英语的信心，即使面临困难，学生也会迎难而上。

(三) 教师因素

教师在英语课堂上一般会充当两种角色：一种是英语课堂的掌控者；另一种是学生英语学习活动的引导者。有效开展英语教学活动，需要教师首先拥有纯正的英语发音，英语发音对于英语学习而言是至关重要的。英语教学是教师与学生共同参与的活动，学生理应在这一活动中彰显自己的作用，所以，在课堂上教师应给予学生更多的自由时间，让他们去探究。英语教师必须发挥自己的主导作用，积极为学生提供一个良好的英语学习环境。教师可以整合不同的教学方法，在结合自己教学经验的基础上，探索更加适合学生学习需求的教学方法，学生就能在自己喜欢的课堂氛围中学习英语，也能极大地激发其学习英语的积极性。

英语教师的语言运用方式也能对英语教学产生影响，为了配合学生的学习理解能力，教师在教学过程中可以根据教学情况适当降低语速，适当地重复一些话语。英语教学的过程同时也是一个在不断反馈中获得优化的过程，在这一过程中，不仅包括学生对教师教学的反馈，也包括教师对学生学习的反馈，教师利用各种测试对学生的学习情况进行掌握，根据测试的结果了解学生的学习能力，并最后将学生在某些知识点上存在的问题反馈给学生。学生接到反馈之后就能了解自己的学习不足，进而在后续学习中不断改进，最终提升自己的学习质量与效率。

（四）学生因素

1. 学生的角色类型

在英语教学过程中，学生的作用非常突出，教学的核心是学生的学习方式，教学的目的是促进学生的全面、终身发展，教学的方法是以学生为本，等等，这些都充分反映了学生在教学中的参与。认识英语教学是不能忽视学生在其中所扮演的角色的。学生的角色主要有以下四方面：

（1）主人。学习活动是一种知觉的活动，教师在其中只是起到引导与促进作用，学生才是学习的主体，其主动的学习才是提升其学习能力的关键。学生将自己当作学习的主人，自觉安排自己的学习计划，制定自己的学习目标，寻找适合自己的学习方法，形成良好的学习习惯，这些都能帮助学生最终建立起属于自己的知识结构体系。

（2）参与者。教学是教师与学生双向互动的过程，学生也应该是教学的主要参与者，因此，在教学过程中，教师要注意提升学生的学习兴趣，激发其积极性，让其可以更加主动地参与到英语教学中来，积极给教师提供教学意见。

（3）合作者。英语学习活动不是学生一个人的独角戏，它可以是一群人的群体行为，因此，在个人学习活动之外还有小组学习活动。在学习小组中，当学生遇到不懂的问题时，其他同伴就可以为其解答，更重要的是，在共同探究问题的过程中，学生还能开阔自己的学习视野，学到不同的学习方法。

（4）反馈者。教学是一种反馈的活动，教师将知识传授给学生，学生根据自己的理解、消化情况向教师进行反馈，以便教师可以优化教学计划、目标，增强英语教学活动的开展效果。

2. 学生的个体差异

对于教育而言，其最根本的目的就是培养人，培养全面发展、终身发展的人，这就要求教育者要学生情况有全面的掌握，既了解学生的生理、心理发展规律，又清楚不同学生之间的差异。每个学生都是独立的个体，他们在学习活动中所表现的特征都是不一样的，其学习动机、性格等都会影响其学习效果。因此，教师应根据学生的个体差异开展教学，这样英语教学的有效性才能尽早实现。学生存在的主要个体差异如下：

（1）不同的学习潜能。英语学习认知系统内涵丰富，学习潜能是其重要组成部分，展现的是受教育者的能力程度。而对于英语学习而言，则是指学生是否具备学习英语的天赋。通常而言，教师在开展英语教学活动时需要了解学生的英语水平，而学生的学习潜能则可以很好地将这种水平展现出来。

学生在英语学习上的潜能主要表现在四个方面：①是不是具有对英语语音进行编码与解码的能力；②在对英语基础知识学习完毕之后是不是具有归纳的能力；③英语学习中充满大量的语法学习，是不是具有对英语语法的敏感性；④英语词汇是有规律可循的，是不是具备通过联想进行词汇记忆的能力。每个学生的学习潜能也是不同的，因此，在实际的教学中，教师应考虑每一个学生的实际情况，这样才能将学生的最大潜能激发出来。

（2）不同的学习动机。从本质上而言，学习动机是学生在学习过程中所产生的一种心理状态，它能激励学生掌握科学的学习方法，向着自己的目标前进。根据学生学习动机的不同对学习风格进行划分，可将其划分为深层动机与表层动机、内在动机与外在动机。

第一，深层动机与表层动机。根据刺激—反应理论，可将学习动机划分为两大类：第一类为深层动机，是一种学生为了追求自己的非物质层面的需要而产生的动力，这方面的需要不仅包括兴趣需要，而且包括丰富知识体系的需要；第二类为表层动机，是一种学生为了追求表面物质需要而产生的动力，这种需要主要表现为高报酬、好职位等。

学习动机与学习目标的关系是极为密切的，动机发生变化，目标往往也会发生变化。对于英语学习而言，那些具有深层英语学习动机的学生不仅要求自己可以扎实掌握英语基础理论知识，而且还要求自己能够具备较高的英语应用能力，很明显，他们对自己的英语有着非常高的要求，在学习英语的过程中总是充满着饱满的热情。

第二，内在动机与外在动机。根据动机的来源不同，可将学习动机分为两大类：第一类为内在动机，是英语学习者从自身激发出来的对学习的兴趣。该动机不仅保持学习的持续性，而且还能保持学习的独立性；第二类为外在动机，在外在条件的影响下，学生不得不进行学习活动，有时甚至可能会让学生失去对学习的兴趣。

在学生学习英语的过程中，动机依然对学生产生不小的影响。通常情况下，具有内在动机的学生不会因客观条件的影响而放弃英语学习，这主要是由两方面的原因导致的：一方面是因为他们学习英语是从兴趣出发的，具有自发性；另一方面是因为他们对英语学习的态度是诚恳的、积极的。具有外在学习动机的学生会受到客观条件的影响，他们所有的英语学习活动都是被动的，这让其无法感受到学习英语的兴趣，长此以往，他们可能会丧失学习英语的仅有的热情。

学习动机与学生英语学习效果成正比关系。如果学生的学习动机特别强烈，那么往往会有着明确的英语学习目标，在学习过程中，他们会向着这一目标努力奋进，会积极投入到英语学习中，最后其也能获得很好的学习成果。而那些学习动机比较弱的学生，他们始终无法确立坚定的英语学习观念与目标，因此，他们在英语学习上往往没有太大的积极性，最终他们也就无法获得较好的学习成果。

（3）不同的智力水平。智力也是认知系统的一部分，不过，它是一个综合体，将观察力、想象力、记忆力与逻辑思维能力进行整合，该能力是能够外显出来的，有高智力的人往往能快速识得问题、解决问题。学生在智力水平上的差异，也会在一定程度上影响英语教学。因此，教师不能忽视智力对教学的影响，要对每一个学生的智力水平有清楚的掌握，这样，其在制定教学目标、方法与策略时就能更加灵活、科学。学生也应该对自己的智力情况有所了解，在清楚自身智力情况的前提下，学生可以选择更加适合自己的学习方法，从而实现学习效果的最大化。

（4）不同的学习风格。学习风格的形成不只是个人经验影响的结果，客观环境也能对学生学习风格的形成造成影响，换言之，在一定的条件之下，学生的学习风格是可变的，不过，根据不同的标准，学习风格可以有以下分类：

第一，按照感知方式来分。在具体的学习过程中，学生肯定会运用一些感知方式，而由于学生个体在很多方面都存在差异，所以，他们在感知偏好上也差异显著。基于此，可以按照学生感知方式的不同对学习风格进行分类，可将其分为三类，分别为听觉型、视觉型及动觉型。

第二，按照认知方式来分。人们在学习过程中总会涉及一些新信息与新经验，而对这些内容进行分析、组织与整理的方式就是认知方式。每个学生在学习过程中所展现的认知方式与思维方式是不同的，所以，根据学生的认知方式的不同对学习风格进行划分，可将其划分为：场依赖型与场独立型、整体型与细节型、左脑主导型与右脑主导型。以学习者对自身情况是否依赖划分为场依赖型与场独立型。

第三节 英语教学的维度分析

一、英语教学的生态维度

（一）英语教学的生态系统

英语生态教学是一个完整系统，从属于教育生态系统，由一定教育环境的相关要素组成，这些要素可以分别归结为自然环境、社会环境和规范环境。教育生态系统以人的活动为生态环境主体，按照人的理想建立一套相应的系统要素。教育生态系统特点包括：社会性，即受人类社会作用和影响；易变性，即不稳定性，容易受到各种环境因子影响，并随人类活动而发生变化，自我调节能力相对较弱；目的性，系统运行的目的除了维持自身平衡外，还需要满足人的需要。教育生态系统的运行，既遵循自然生态系统的某些规律，也遵循社会系统的某些规律。

"教育生态学是将生态系统内在机理映射到教育领域，并针对二者的相互作用和联系性开展深入研究的新兴学科"[1]。从教育生态学而言，教育生态系统是由生态主体和生态环境构成的有机整体。教育的生态主体主要指学生和教师；教育的生态环境指对教育活动发生作用和影响的环境体系。

教育生态环境包括三个层次，实际上也是教育生态系统的三个层次：①围绕教育的综合自然环境、社会环境和规范环境所组成的单个或复合的系统，如整个教育工作教育事业；②以单个学校或某一教育层次的某一教学单位为中心，构成、反映其内部相互关系的系统；③围绕学生个体发展而形成的外部环境，即由自然、社会和精神因素组成的系统，如学校自然环境、教育政策、教学活动、教师学生生理心理条件等，英语教学生态系统处于第三个层次。

1. 英语教学生态系统的构成要素

英语教学生态系统是围绕高校英语教学活动而构建具有生态特性的教学系统，由教学主体（学生、教师等）及其相应的教学环境组成。该系统有其特定结构，正是由该特定结构，决定高校英语教学生态系统的特定功能。教学环境指影响高校英语教学活动的一切外

---

[1] 魏丽珍，张兴国. 高校英语教学的生态特性及教学定位探究 [J]. 环境工程，2022，40（2）：2.

界因素的总和，有自然环境、社会环境和规范环境之分。

（1）自然环境。自然环境是实施教学行为的基础，直接或间接作用于人的身心、认知及审美能力的发展。教学的自然环境更多地指教学的物理环境或称教学条件、教学资源等。高校英语教学的自然环境是社会环境的物质基础。

（2）社会环境。社会环境是人类生存及活动范围内的社会物质、精神条件的总和。社会环境在教育生态学中，主要指对教学活动产生作用和影响的各种社会条件，也指教学活动与其他社会组织发生的各种关系，包括从社会、政治、经济、文化到家庭的亲属关系、学校的师生关系、同学关系乃至学生个人的生活空间心理状态对教育的影响。

（3）规范环境。教学规范环境是社会普遍的、符合教学群体需求期望的教学规范、教学态度和价值观，包括教育传统、教育政策、社会风气、文化传统、伦理道德、科学技术等环境因子，也是教学要求、评估标准、课程设置目标的教学理念、师生的认知观念。

高校英语教学环境既包括课堂教学环境，也包括学校环境与社会语言环境，但主要指课堂教学环境，还包括学生个体生理心理环境。应该特别注意的是，要重视高校英语教学生态系统内外环境的多维镶嵌性。总体而言，在高校英语教学的一个时空内，教学主体（学生、教师等）和教学环境（非生物因素）共同构成一个互相影响、互相作用，具有物质、能量和信息传递功能的统一整体，以上是高校英语教学生态系统。作为一种独特的生态系统，高校英语教学生态系统同样表现出生态系统的若干基本特性。

2. 英语教学生态系统的等级分类

（1）个体生态。英语教学生态关注教育过程中学生个体的存在状态和学生生命体的健康成长。在教学过程中，作为教学生态主体的学生，有着不同的生理特征、心理特征、成长背景，也有着不同的知识结构、语言观、价值观、人生观和世界观，本身就是一个相对独立的生态系统。周围环境（物理环境、社会环境和规范环境）对学生个体生态发挥的作用、产生的影响都不相同。个体生态的物理环境是学生所处的物理教学环境，主要指课堂环境和学习条件。个体生态的社会环境，更多地指学生个体与其他个体（学生和教师）之间的关系及其对学生个体的影响。无论是主动或是被动，生态个体总会与其他个体形成某种关系并相互影响，相互作用，而且生态个体往往会把其他个体作为自己的一个镜像。

生态个体的规范环境既有外在的教学规范，如教学要求、学习要求、评估标准等，又有内在的师生教学理念和语言认知观。现代教育强调个性化的教学，对高校英语教学的个体生态进行分析，有利于发掘不同学生的个体潜能，发展学生的个人才智。

（2）群体生态。生态学中的群体生态指一定栖息地范围内同种或异种生物群体所处的环境状况。在高校英语教学生态系统中，由不同的学生个体、教师个体组成不同的教学群落，如一个教学班级，一个教学小组。教学群体可以有正式的和非正式的。正式的群体具有较强的稳定性，最典型的正式教学群体是英语教学班级；非正式群体的流动性较强，群体的组成往往出于兴趣、情感或是完成某一教学任务，如学习小组、任务小组、兴趣小组等自然或半自然的群聚体。

在生态教育学中，群体性质不同于生态学上的物种内和物种间的关系，是由于生态教育学的生态群体是由人组成，人除了自然性，更多的是社会性。因此，群体生态包括群体内人与人之间的关系以及心理效应。教育者和教育管理者通常运用心理学中的群体动力学原理研究人和群体的发展。

（3）系统生态。生态系统的生物成分有生产者（主要是绿色植物）、消费者（主要是动物和人）、分解者（主要是各种微生物）。生产者、消费者和分解者各司其职，保证生态系统内外物质流、能量流和信息流的顺利移动和交换，使系统处于动态平衡状态。高校英语生态教学系统中也有生产者、消费者和分解者之分，但是在划分时不同于生物生态系统中生物功能划分得绝对和明晰。

就高职院校而言，学校、教师等是物质、能量、信息的生产者，学生不仅是消费者又是分解者，学生通过消费、分解学校提供的资源，生成自身的知识、能力和素质，创造社会财富，也为高校提供生存、发展所需的物质能力和信息，由此形成动态平衡的生态循环。教师开发教学资源、传授知识、引导学生学习和思考，实际上是教学生态系统中的开发者；作为消费者的学生接受并内化从教学开发者获得的知识和技能，是对知能和信息的分解利用，学生也会发挥主观能动性，与教师共同开发教学资源，在这个层面，学生又成为教学生态系统的开发者；教师通过教学和科研活动，其教学、专业能力获得提升，教师又成为教学生态系统的消费者和分解者。

总而言之，在高校英语教学生态系统中，每个生物体的功能都是多元多维的，作为教学主体的学生和教师，通过履行职责，使物质流、智能流（信息流）和能量流在教学系统内外循环和转移，保证教学生态系统的有序运行。

3. 英语教学生态系统的构建要求

英语教学生态模式是高校英语教学系统、高校英语教学政策系统和教师、学生心理情感系统以及高校所处自然环境、社会环境的复合体。构建相对理想的高校英语生态教学系统模式，最关键的是两个条件：①组成该系统的各要素应比现有要素更优越、更强健；②由这些要素所组系统结构比现有的系统结构更优越、更科学，才能保证系统更优越、更高效、更强劲，实现人们对高校英语生态教学模式所期望的功能效果。因此，构建相对理想的高校英语教学生态系统，至少有以下五个方面的基本要求：

（1）英语教学的生态系统必须是一个紧密联系系统。联系是事物本身的固有属性。系统是由一定数量并相互联系的要素组成，是事物普遍联系的一种状态。联系导致事物之间及事物内部各要素之间相互影响和相互作用。在相对理想的高校英语教学生态系统中，作为要素的高校各有关部门（尤其是教学管理部门）、各院系（尤其是承担高校英语教学任务的外国语学院）、各专业、各班级以及教师、学生、教学空间等，还有高校英语教学政策系统、教师学生情感系统及其各要素，均应是紧密结合、有机联系的。换言之，这些要素的存在和组合需要紧密联系，其组织、机制和秩序要便于系统有目的地运行。因为紧密联系才能构成系统的整体性，才有可能实现整体大于部分之和，这种紧密联系是各要素相互依存、相互制约、相互作用，是系统高效的反映。紧密、有机的联系也是系统的结构性和相关性的保证，而结构性和相关性又是决定系统整体功能的关键，结构愈合理，相关度愈大，整体内能愈好，反之亦然。

（2）英语教学的生态系统必须是一个开放创新系统。开放系统是与周围环境和相关系统发生信息、物质、能量交换的系统，是一个活的系统。开放系统一旦切断与外界信息、物质能量的来源，便会影响系统的稳定有序。同时，系统的自组织能力能够在一定条件下应对和抗拒外部干扰，保证系统的稳定性。开放的系统一定要不断吸收外来事物，以维持和发展自身运动。构建相对理想的高校英语教学生态系统，必须是一个开放系统，也必须吸收外部信息、物质、能量，保证自身运行。教育的开放与交流是人类文明进步的表现，创新是事物发展的不竭源泉，也是系统不断进步、不断优化并朝着最优状态接近的强大动力，对于相对理想的高校英语教学生态系统建设尤其重要。因此，相对理想的高校英语教学生态系统必须是一个改革创新的系统，是一个兼收并蓄、对外开放的系统，以保证系统的可持续发展。

（3）英语教学的生态系统必须是一个稳定有序系统。系统具有严密的结构和稳定等级层次，以体现系统的组织化及各要素之间不可分离的相关性，也是系统运行稳定有序的基础和前提。相对理想的高校英语教学生态系统，则是一个稳定、按规则运行、易于调控的高效高能系统，必须限制、消除无序，保证和扩大有序，也要正确处理有序和无序的辩证关系。高校英语生态教学系统，其结构关系、等级层次、运行秩序都应是严密的、明确的，校级的教学行政管理部门及各相关部门的职责、任务、工作方式与内容，院系及外国语学院的职责、任务、工作方式内容，教师、学生的任务和教学方式、学习方式内容，都要明文提出要求，并要有严格的执行和检查督导机制，才能够及时消除工作中的无序和干扰，保证整个教学活动稳定有序地进行。

（4）英语教学的生态系统必须是一个自调自控系统。为了保持和发展系统的稳定、有序和高效，相对理想的高校英语教学生态系统必须具有自我调节、自我控制、自我纠错的机制和功能。对此，要求系统的自组织能力、环境适应能力、协同调处能力、信息反馈能力强。最关键的是系统不仅能够很快发现外界干扰，而且能够很快发现自身运行中出现的问题，既可以及时对抗干扰，又可以及时自我纠错，使系统按照既定目标继续有序运行。相对理想的高校英语教学生态系统，应该展现自调自控的能力。高校英语教学是一个庞大复杂的系统，系统本身和系统运行受到外界干扰是不可避免的，随时都有可能发生，但出现这些问题的系统，首先要有自己解决问题的能力。

（5）英语教学的生态系统必须是一个充满活力的系统。活力是旺盛的生命力，行动、思想和表达上的生动性以及积极的情绪和心境状态。活力包括三个方面，即体力、情绪能量、认知灵敏性。把"活力"的概念移植到高校英语教学生态系统中并作为一个特定功能，要求相对理想的高校英语教学生态系统具有旺盛的生命力，充满无限生机。具体而言，该系统中的人（管理人员、教师、学生）身体健康，精力充沛，饮食、睡眠良好，业余活动积极向上，思维敏捷、工作和学习效率高，充满自信，追求卓越，动机强烈。

英语教学生态系统的管理人员应该恪尽职守，既坚持原则，以人为本，实行人性化管理；教师不断改进教学方法，因材施教，倾听学生意见，课堂生动活泼，既教书又教人；学生学习积极主动，能够把握情感情绪，以饱满的热情上课听课，并热衷师生互动。该系统所遵照执行的各项政策、规定制度，其指导思想正确，内容切合实际，既能规范各项教学活动，又能体现民主管理，调动师生员工的积极性和创造性。

4. 英语教学生态系统的构建规律

英语教学生态系统的运行有其自身特有规律，结合教育生态学比较有共识的基本规律用于高校英语生态系统中，主要包括以下三方面：

（1）平衡与失衡。自然界中的各种因子都是彼此间互相联系和制约，并由此构成统一体。因子之间的相互作用达到一个相对稳定的平衡状态就是生态平衡，可见该平衡态是通过自然生态系统的自我调节而达成。生态平衡是动态平衡而不是静态平衡，是相对平衡而不是绝对平衡。当生态系统受到外部干扰超过生态系统自我调节能力的可控范围时，生态系统将无法维持相对稳定的平衡态，被称为生态失衡。一旦出现生态失衡，各种生态问题会陆续出现。在高校英语教学生态系统中，智能信息、物质在各个因子间转换和循环，各教学因子间的相互作用和制约，使教学生态系统处于相对稳定的状态，但是局部生态中教学失衡现象也会发生，需要通过外部干预或内部自调自控机制干预进行调节，使教学生态系统达到新一轮的稳定平衡。

（2）迁移与潜移。生态系统的物质流、能量流和信息流的循环与交换，表现为宏观上的迁移和微观上的迁移。高校英语教学生态系统的物质流、能量流和信息流同样也表现出迁移和潜移特性。教师讲授课程、向学生演示语言技能，语言知识、信息流动有明确的流向和路径，这是知识、信息的转移（迁移）。知识和信息通过感官进入学生大脑后，学生的认知结构会发生变化，知识、信息被分解为数据，再由数据合成信息，建构成新的认知，这些新的认知将对学生的身心发展产生影响，特别是由于语言是文化和思维的主要承载，这些新的认知将促成学生或是认知的发展，或是情操的陶冶，又或是价值观、人生观和世界观的发展等，这是知识和信息的潜移。

（3）竞争与协同。同一生态环境中的不同物种之间存在竞争，从长远观点而言，物种间的相互竞争最终会导致协同进化。环境的不断变化给予生物个体进化的压力，而环境不仅包括非生物因素，也包括其他生物因素。在高校英语教学生态系统演化和发展过程中，学生之间的关系也有竞争与协同发展的关系。在教学生态环境中，协同发展表现得更为明显，但竞争关系也使学生学习更有动力。要实现协同发展，需要调整竞争与合作之间的关系。

5. 英语教学生态系统的构建原则

英语教学作为一个生态系统，拥有系统所属的基本特征。按照生态系统的基本特性和教育教学的基本规律，要构建相对理想的高校英语教学生态系统，必须充分体现以下主要原则：

（1）整体性原则。高校英语教学系统是由教学主体（教师和学生等）、教学物理环境（自然环境）、社会环境、心理环境、规范环境（教学目标、教学策略和教学阶段等）等要素构成的统一有机整体。教师和学生脱离教学环境，便不再是严格意义上的教师和学生，而没有教师或是学生的教学，同样不再是教学活动。教学系统中的教学目标、教学策略也不是先于教学系统而存在，而是在教学系统不断优化和发展中逐步形成和完善。关注各个要素的同时要考虑系统整体的平衡性，而系统整体的稳定和发展也是各要素共同作用的结果。因此，在构建相对理想的高校英语教学生态系统时，必须把系统的整体性放在首要位置，并发挥其作用。如此强调整体性，关键在于要使组成系统的各种要素在有规则用的过程中整体发挥作用。

需要特别注意的是，在研究教学系统中各个要素时，既要将学生看成是整体系统中的一个重要部分，又要把学生看作是一个完整的生命有机体，尊重其认知、情感发展的规律，赋予学生完整的生命教育。英语教学策略与教学方法也有各自特点和规律，在尊重这些规律和特征的同时，需要考虑如何优化和加工，才能使其为英语教学系统的整体目标服务。

（2）相关性原则。高校内的教务部门、英语教学机构、学生班级、教务人员、教师、学生、校园环境、实验室、实践基地、教学制度、教学要求、教学模式、教学管理、教学方式等，都是紧密联系、相互依赖、相互作用，作为系统要素，表现为一种相互关联的共生态，各要素互为条件并相互影响，就是系统的相关性。

教师为学生的学习提供服务，学生又是教师存在的条件。同时，学生之间也存在共生性。不同教育群体处于同一个教育生态系统中，为全面发展而创造良好的校风、班风，彼此间相互学习相互鼓舞、相互提高，体现互助和互惠关系。因此，必须高度重视系统相关性的特质，正确处理各要素之间的关系，使之相互协作、相互支持、相互补充、相互理解，才能充分发挥各自的积极性、创造性，形成强大而健康的合力，使高校英语教学环境成为一个充满活力、生机勃勃、有序运行、高能高效的教学生态系统。

（3）有序性原则。构建相对理想的高校英语教学生态系统，遵循有序性原则显得尤为重要。在高校英语教学生态系统内部，各个子系统、各个要素均是层次等级结构，其形态特征是稳定有序的。但事实上，形态特征的稳定有序并不能说明实际运行一定稳定有序，这是在构建相对理想的高校英语教学生态系统时所关注的一个核心问题。需要特别指出的是，对高校英语教学活动总是希望其过程稳定有序，是完全正确的，但这种愿望和追求又不能过于绝对，因为波动和无序也是客观存在、不可避免的。

有序使人们便于驾驭局势，便于操控实际工作，实现既定目标，但这样的有序也会束缚和限制人们主动性、创造性的发挥；无序会干扰有组织、有计划、有目的的工作，但是会带来自由发挥和机动调整的新因素，带来可供选新机会，由此而纠正或者完善既定计划方案中实际存在的误差和不足。因而，有序和无序都是人们在工作中发挥主动性和创造性的必要条件，同时又互为限制因素，两者彼此适中才能构成系统的不断优化，这一点对于创建相对理想的英语教学生态系统格外有启示，因为要构建的系统是一个自由活跃、充满和谐和生机的系统。

（4）协变性原则。协变性是当系统出现变化，特别是出现无序时，通过系统内部的协同作用，使系统实现有序。实际上，高校英语教学过程是一个动态起伏的过程，有智慧、有经验的教师会把这种动态起伏把握得恰到好处，做到动静有度，起伏有序。在英语课堂上，教师、学生以及他们的心理情感总是相互作用、相互影响，一个因子的变化会导致另一个因子发生变化，这种变化作为系统要素因子可能会维护系统的有序性，也可能会影响系统的有效性。如果是后者，则要通过系统内的协同组织功能消除这种影响，使系统重现有序。

教师的教学理念将决定其选用的教学模式、教学方法和教学资料，不同的教学模式、方法和教材对学生的知识结构和认知能力将产生不同影响。学生也许一时不适应，但会努力做出心理调整，使知识结构和认知能力适应教师教学发生的变化。学生的认知结构和认知能力变化，又可以改变教师的教学理念，教师或将坚持其教学理念，又或将对已有的教学理念重新理解，甚至放弃。协同变化还表现在教师和学生间的情绪变化，学生的情绪会直接影响教师的情感，在积极的课堂情感环境下，学生的主动参与会提高教师的教学热情。

高校英语教学生态系统的可持续发展在于系统的生命力，即生命存在的能力和生命发展的能力。对于构建相对理想的高校英语教学生态系统并充分体现其可持续发展能力，主要依赖于：一是系统本身的科学性、合理性。换言之，该系统不完全是主观产物，而是客观需要的产物，它的存在、发展、运行是有规律的，是合乎历史逻辑和常理的；二是该系统运动的动力是源源不绝的，有持续不断的信息、物质、能量输入和输出，维持和更新系统本身的动态平衡和发展需要；三是系统运行的可靠性和可控性，即该系统是有序和无序的有机结合，是可靠的，也是可以驾驭和控制的，能够通过有效调节，维持其正常运行的状态；四是系统的各个子系统、各个要素的主动性和能动性，积极的而不是消极的，是主动而不是被动的，是求新求异的，而不是守旧保守的，都有使系统更优的普遍心理追求和实际行动。

（二）英语生态课堂的教学构建

1. 构建教学环境

语言环境对语言学习有着非常重要的作用，人所处的语言学习环境中各种要素综合产生的作用，最终决定一个人的语言能力。当一个人所处的语言学习环境利于学习时，能够调动学习者学习语言的积极性，使其产生原动力，推动自己积极主动地学习语言。学习语言的环境对于语言学习起到至关重要的作用，语言环境是语言学习者的摇篮。

阅读、写作、听力、口语学习对语言环境的要求不同。我国学生一直是在母语环境中学习英语，英语和其他学科一样，也被视作一门普通课程，因此，学生在英语听力和口语训练上投入的时间，并未达到学习英语最低的时间标准，而培养阅读能力的语言环境相对简单。所以，在汉语环境中学习英语时，阅读能力的培养则成为比较容易的方面。阅读能力是基础性的能力，决定对语言知识的掌握程度，对信息的获取程度，也决定着学生的听力、口语、写作、翻译能力。在高校英语教学中，要始终贯穿提高学生阅读能力训练，因为学生走上工作岗位后，阅读能力对其十分重要，而且现阶段，大部分学校的教学模式更利于培养学生的英语阅读能力。

（1）英语教学与生态课堂的联系。课堂和英语教学有着密不可分的联系，对学英语的人的学习效果和人才培养模式有很大影响。对很多学生而言，几乎是在英语课堂上完成学习英语的过程，课堂的学习氛围会对英语教学质量产生极大影响。英语教学要尽可能地多运用英语，再加上母语辅助，在学英语时要有用英语的教学思想，要将课堂环境变成良好的语言教学环境。在英语课堂教学时，课堂氛围可以提高学生的学习积极性，让学生对英语产生兴趣，帮助学生很好地利用课堂生态环境，培养用英语交流的习惯，让学生在课堂教学时一直处于活跃的状态。

教师应尽可能地运用英语来教英语的优点是将英语作为交流的介质，这样可以将学习主体（学生）、学习客体（英语）两个要素连接成一个整体。因为英语教学的目的和中间介质是英语，无论是学生还是教师，他们在课堂上都运用英语，为英语输出提供环境。学生在学习英语的同时，也在运用英语，可以把英语教学形式和内容很好地结合在一起，从而提高英语教学效果。"使用语言学习语言"是交际教学法倡导的理念，是在沟通时通过刺激语言系统本身和激活固有语言信息自身的发展而得到语言。

（2）英语教学语言生态环境的构建。英语教学需要建立一个和谐的生态语言学环境，需要激励学习者在现实和自然语言学习环境下，尽可能地运用现代化的学习条件和信息，不断提升语言使用能力，把社会文化和语言结合在一起。

第一，收看英文电视节目或原版影片。语言承载着文化，学习者在看英文原版电视剧时，除了能够学习英语和练习听力外，还能够了解文化和语言之间的相互关系。在观看过程中，除了留意节目中的日常生活用语，还能了解英语文化。所以，看原版影片是一个提高英语应用能力、丰富英语文化知识的有效途径。经常看英文原版影片时，可以提升学生听力，因为在观看电影或者电视剧时，有相关画面帮助听力理解。听音的过程也是一个繁杂的学习过程，学习者不仅要注意节目中的语音，还要记忆和学习听力材料中的新知识，要正确区分日常口语、正式口语和书面语言的表示方法。

第二，阅读英语原版书刊。阅读英文书籍不仅能够增加读者的语言知识，还可以让学习者了解英语文化、开阔视野。因此，阅读原版英语书籍和英文读物，能够使阅读者感受英语语言的节奏感，通过其他人的遣词造句，提升自己的整体英语水平。

第三，利用网络，畅游英语世界。英语学习者要运用互联网和计算机媒体学习英语。随着网络的飞速发展，学习者通过互联网除了能够找到不同国家科技、经济、文化等方面的英文信息资料以外，还可以听到各种英文演讲。互联网上的音效、文字、图片效果，可以让学习者产生学习兴趣，让学英语变得有乐趣。

学习者是英语生态教学模式中的中心，除此之外，还与英语教师、英语语言以及英语学习的整个环境有关，他们具有相辅相成的作用。提高英语课堂教学的质量，优化英语教学的情感环境、社会环境、评价体系及网络环境，创建一个动态、和谐、平衡的英语教学环境。在学习中，教师的教学方法与整体教学效果有很大关系，学生对语言的学习与教师的教学具有相互推动关系；在教师教学过程中，教师能够学到从未学过的知识。在整个英语学习过程中，学习者的学习状态与学习环境有很大关系，如果学习环境和学习氛围好，学习者能够从中获得更多知识。学习者与英语语言经常被人们看成是相互对应的关系，但实际上却是英语生态教学模式的主要组成成分。在学习者学习英语语言的过程中，英语语言对学习者又具有极大的影响力。

英语教师和英语语言联系的重点，是英语教师把握好英语语言的同时，英语语言存在的意义又会影响英语教师对教学方式与教学内容的确定。在当今的英语教学模式中，良好的学习环境和学习氛围，可以为学习者提供一种学习动力，让学生能够更好地融入学习氛围中，进而提高他们的学习效率。

2. 构建英语语言

（1）英语与汉语的对比

第一，汉语句子重心在后面，英语句子重心在前面。从语言的逻辑角度而言，汉语的表达方式通常将重心放在句子后面，例如，先说事实再说结论，先说原因再说结果或者先说假设再说推论。但是英语则不同，句子的重心一般是在前面，先说结论或者判断，然后再进行说明。以汉语为母语的学生在做听力练习时，依照汉语习惯，不重视句子的开头而听句尾，所以容易错过英语句子的重点所在，抓不住听力内容重心。

第二，汉语习惯于补充说明，英语倾向于使用省略表达。以英语为母语的人，相比于使用汉语的人群，更经常性地省略部分说话内容。英语中，省略方式更加多样，比较常见的有省略句中表暗指的动词或者名词，除此之外，还有句法省略和情景省略等。例如，当多个句子是并列关系时，英语表达中会习惯性地省略听者明确其所指的内容或者在前面句子中已经出现过的内容。但是在汉语中，通常会习惯于将这些词重复一遍，以起到强调或者补充说明作用，这种对于内容的补充或者省略，是学生进行汉英互译工作的一个难点。

第三，汉语一般都使用主动句，英语更多地使用被动表达。英语中，尤其是科技英语中，会经常性地使用被动句式。尽管汉语中也有被动句，通常也有明显表示被动的词汇，但是相比于英语，汉语的被动句较少，而且汉语中的被动句还带有贬义。因此，在英语学习中，应习惯性地把英语中的被动理解为汉语中的主动表达。

第四，汉语更倾向于使用短句，英语习惯于使用长句。汉语具有很强的穿透力和延伸力，有时通过几个字词能够直接表达出整句意思或者通过短句表达出超过句子范围内的意蕴。英语中，经常会出现很长的句子，其中包含多层意思和复杂的句法结构。习惯于汉语语句短小精悍的人们，在阅读英文文献时，遇到最大的困难在于对长句的理解。理解长句往往需要进行语法分析，正因为它的复杂性，英语长句的翻译经常出现在英译汉的考试中。

第五，汉语使用分句频率较高，英语则常用从句。汉语表达中，句式较为松散，短句形式十分常见，也习惯于通过语词的意义传达句意。但在英语中，则经常使用包含大量修饰语的长句，或者用引导词在主句之外连接从句，使句子较为复杂，难以理解。在理解这样的长句时，需要对复杂的句子结构进行梳理，通常可以使用语法分析法进行解决。

第六，汉语倾向于使用名词，英语则使用代词。在汉语中，名词具有重要地位，松散的句式和短小的句型使名词的理解在句意理解中占据首要地位，但是在英语中，由于长句更为常见，且句法结构对句意理解起到决定性作用，代词则变得十分重要。

第七，汉语表达较为具体直观，英语则抽象生涩。英语经常使用抽象的表达方式，而汉语则偏爱具体的意象。尽管汉语的表达极为形象直观，但是在表面意义背后可以拥有更深的意蕴，给人留下想象空间，但在意义表达上又是含蓄的。

（2）语言知识与技能的融合。语言能力由语言机能和语言知识共同构成，两者相互促进，也相互影响。语言学习不仅是为了语言知识内容的获得，也是为了发展包括听、说、读、写、译在内的语言技能。能够理解和运用语言知识，对于培养语言技能具有重要意义。但只学习语言知识是不够的，在英语教学中，在知识传授之外，还要将知识运用到语言实践中，将听、说、读、写、译等实际语言能力的训练和语言知识的学习结合起来。

在学习语言知识时，要具有在语言实践中运用知识的意识而不是仅将知识作为头脑中的储备；在语言实践中，又要将实践作为巩固知识的手段。只有使语言机能和语言知识相互促进，才能让语言教学取得更好的效果。

3. 构建教师教学

教师是教学活动的力量源泉，是教学实践的中心，是教学活动的设计者、领导者、组织者，也是教学的执行者。教学，是一种让同学认识其他事物的活动，学生作为活动参与者，教学内容作为活动中的认识对象，教师作为桥梁和媒介，将两者串联在一起。在教学过程中，特别是有着生态化语言的环境下，教师不仅要善于引导学生在学习中找到适合自己的学习方式，使之合理运用并获得新的知识，用所学解决遇到的问题，还要深化生态化语言学习，让学生真正获得实际效用。

学生作为活动的参与者，应该知道如何学会学习，而教师要做的，不仅是引导他们的学习方法和思维转向，还要引导他们形成正确且良好的人生观和价值观，更要对学生在语言学习上进行启迪、激励和引导。在学生自主学习方面，教师应该学会引导学生提出问题并能够自己解决问题、自主选择适合的学习方式、自主选择学习目标、自己能够控制和调节学习进程。总而言之，教师在英语生态教学模式中作为有机组成部分之一，有着重要作用。为了实现生态化英语语言教学模式转向，教师需要让自身语言知识文化观、教学角色意识和教学方式发生根本性转变。

（1）转变教师教学的角色意识。高校英语教学发展至今，已经不只是要达到单一的对英语基础理论知识传递的要求，还增加了英语交际能力与实践能力、语言掌握能力等，对英语教师提出了更高要求。教师要转变自己的教育理念，从传统英语基础理论知识的教学逐步转变成多方面的英语教学。为此，教师要从教学实践前期开始改变，要对学生进行分析，根据学生的个性化特点，制定教学目标、确定学习方法，从而适应各个阶段、各个层次的学生教学。另外，教师要在原有传统教学手段基础上，增加新的教学手段，引入多媒体以及网络教学资源，丰富教学内容、提高教学效果。教师要改变原有的单一内容型教学传递方式，改变原有仅重视理论知识传递的教学方式，应在教学过程中引导学生学会自主学习，调动学生学习的积极性，从而达到更好的教学效果。

在新的教学模式中，要以学生为中心，教师作为教学实践的实施者，要逐步改变原有知识传递者的角色。在新型的教育体系中，教师的作用侧重于引导学生进行自主学习。在学生自主学习过程中，教师又扮演着观察者的角色，观察学生在自主学习过程中遇到的问题与解决问题的方法，并且在观察过程中提出问题，协助学生利用自身能力，寻找问题的解决方法，这个过程对教师观察问题的能力有着很高要求。新型的教学实践对于教师的组织教学能力也有很高要求，因为教学实践已经不仅局限于课堂上的讲解以及课下考核，而是要在课堂实践过程中组织活动，让学生在活动实践中进行学习，这些都是教师角色的转变。

（2）提升教师语言知识文化观。语言学和语言哲学中的一个主要命题是语言知识文化观，因为这些能决定是否能够形成正确的英语教学观。语言观是人们如何看待语言本质，一般而言，教师的语言观对英语教学的影响包括：在教学过程中，如设计教学大纲、回应学生在学习中的反馈、组织课堂教学等方面遇到很多问题，而这些都会受教师在英语课堂教学过程及组织的影响。当然，在英语教学过程中，并不是所有的教师都会直接运用语言学知识，而且教师如果只是掌握其中一点语言学知识，并不能解决所有问题。相互联系但是意义不同的参照构架之间的相互作用，才会产生有效解决语言教学问题的方法。

受到教学语言观影响，教师会在教学内容上选择广泛的知识范围，而语言知识选取则会被教师的语言观所影响。英语教师对所教语言性质的认识，也会受到教师语言观中语言学对于语言描写的影响。语言学家从不同的角度，对语言有着不同的理解和描述，工具论的内容指语言只是一种交流手段，作为人类在社会交往时的一种必要手段和人类生存与发展的必要工具，也就是用于交流、表达思想、讨论工作。文化论认为，实际上人类赖以生存和发展的基础是文化，每一个人都是在一定文化气息中长大和生活，而语言则是社会文化大系统的主要构成要素之一。

（3）多元化的语言教学方式。随着社会发展和教学体系的改革，教师在语言教学方式上也要进行丰富，即从最开始完全讲授与接收的课堂教学方法，逐步转变为课本剧表演、课堂讨论等新型的教学方法。此外，教师还可以设计更多的教育教学方法。教师在制定教学方法时，要以能够促进学生发现并掌握新的知识为原则。教师在教学方式设计上要有创新，只有新型的教学模式，才能激发学生的自主学习兴趣。兴趣是最好的教师，学生对课程有兴趣，易于取得更好的学习效果。

4. 构建学生主体

（1）提升语言学习时空流变性。时空流变性的建设基于时空的三维性。空间有三个维度，即长、宽、高，同样，时间也有三个维度，即现在、过去和未来，时间的三个维度与空间一样，都需要引起足够重视。从人文角度和心理视角可以观察和体验到现在、过去和未来，也能够确认三者之间的区别与联系。离开时间的三个维度，则谈不上时间流程和时间观念。

语言学习也是一种学习模式的延续，在学习第二语言时不可避免地会受先前母语学习影响。第二语言的学习遵循母语学习规律，并且母语学习的思维将影响第二语言学习思维，表明语言学习也具有时空思维。与英语的生态教学模式理论相吻合。因此，语言学习分维模式是先有各种规模水平的现象和事件的复制与投射，语言学习在空间上也表现出其流变性。

空间流变性是语言的学习会受身边文化变化影响，这个过程会对学习母语过程中养成的习惯与经验进行改变，甚至是重塑。语言学习受时间以及空间的影响，是两者综合作用的结果。

（2）增强语言学习历程影响力。英语教育在进行改革后，将英语课程的启蒙年级降低，在低年级阶段引入英语教学，并且在课堂教学结束后引入评价过程。在每一个阶段学习后，教师都给予学生一个评价，让学生能够通过评价了解自己对于语言的掌握程度，增强学习语言的信心，从而培养学习语言的兴趣，逐步达到自主学习。在评价体系设置上，不能仅考核结果，因为会培养出一批应试教育的学生，不利于他们将来语言交际的实践。

评价体系分为两个方面：①过程评价，即对于学生学习英语的过程进行评价、对学习的态度等进行评价；②结果评价，即在每一个学习阶段结束后，对学生的掌握情况进行结果评价。在这样的教育体制下，教师需要进行自我提升。教师要利用自己的教学能力，为学生提供更多的教学资源和更为丰富的教学方式。如今，互联网技术如此发达，教师应该引入互联网教学资源、视频教学资源等，让学生在模拟实践过程中获得更好的学习效果，甚至让学生参与视频教学资源的制作过程，可以充分调动学生的积极性，更好地提高学生的英语使用能力。

二、英语教学的整合维度

第一，政府引导，统筹规划。政府引导和统筹规划是实现高校教学资源整合与共享的必要条件。政府需要制定相关政策、改变观念，建立机制促进高校间资源的协调发展，并避免低水平资源的重复建设。

第二，多方参与，协调发展。多方参与是资源整合与共享的关键，包括政府、企业、学校以及学生等各界人士。各方应积极合作，提高信息化水平，推进校企合作和区域间合作，并加强师资队伍和管理队伍建设。

第三，确立标准，健全机制。确立统一标准和健全机制是必要的。资源整合与共享需要按照统一标准进行创建和整合，建立互通有无、优势互补的结构体系。评价机制和激励机制对于资源的优化和可持续发展至关重要。此外，基础设施建设和网络安全管理也需要得到加强，构建安全、文明、绿色的资源整合与共享体系。

第二章　英语教学内容及创新

第一节　英语词汇与语法教学

一、英语词汇教学

（一）英语词汇教学的内容

词汇是构成语言整体的重要细胞，是语言系统赖以存在的支柱。没有语法很多东西无法传递，没有词汇任何东西无法传递。可见，英语学习的关键在词汇学习。词汇是学生在学习英语时非常难突破的一个环节。英语词汇数量巨大，而且十分活跃，其读音和拼写与母语文字差异较大，一词多义的现象更是十分普遍，这就给学生带来了很大困难。因此，教师指导学生学习、掌握英语单词，加强对学过单词的巩固和运用是英语教学的重要内容。具体而言，英语词汇教学的内容常根据词汇本身所涉及的内容而定，认识一个单词意味着对其意义、用法、相关信息、语法的了解和掌握，英语词汇教学的内容也基本包含四个方面。

第一，词汇的意义。词汇是英语词汇教学中教师首先要让学生掌握的内容。但因汉语与英语之间的差异，一些词汇的内涵与外延在两种语言中也不尽相同。词汇意义的理解与语境有着密切关系，语境不同，词汇的含义也会有所差异。因此，教师应采用不同的教学方式让学生了解不同语境下词汇的不同含义，从而让学生有效掌握词汇。在英语词汇教学中，教师应有意识地引导学生，使学生了解和掌握词汇在不同语境下的不同含义。

第二，词汇的用法。词汇的用法也是英语词汇教学的重要内容。词汇的用法包括词汇的搭配、短语、习语、风格、语域等。词汇搭配在英语学习中十分重要，因此也是英语词汇教学的重要内容。在具体的语境中，一个词往往要求和某些特定的词汇搭配。此外，有些词组是固定搭配，不能混用。例如，out of question 的意思是"没问题"，out of the question 的意思是"不可能"，二者结构相似，意义却大相径庭。

第三，词汇的信息。词汇的信息也是英语词汇教学的重要内容，具体包括词性、词缀、词的拼写和发音等，此外，构词法也属于词汇信息的范畴。对英语前缀和后缀进行分类，将前缀分为九类，共51个；将后缀分为四类，共50个。因此，这一部分也就成了英语词汇教学的重要内容。关于英语前缀，具体包含：否定前缀、反向或时间前缀、方位前缀、方向与态度前缀、程度前缀、贬义前缀、数量前缀、其他前缀。关于英语后缀，具体包含：名词后缀、形容词后缀、动词后缀、副词后缀。此外，因英语属于一种拼音文字，因此，英语单词的读音和拼写形式就成了学习的重点。在具体的教学过程中，教师应让学生认真总结每个单词的读音规律，将单词的拼写形式与其读音联系在一起，并建立一种对应关系，以使学生掌握英语词汇的读音和拼读两个基本要素。

第四，词汇的语法特点。词汇的语法特点又称"词法"，主要包括名词的可数与不可数、动词的及物与不及物、及物动词的句法结构等，它们也是英语词汇课堂教学的重要内容。具体而言，词汇的语法就是要解决诸如动词接哪种宾语，是接不定式还是动名词，是从句还是复合宾语，如何安排副词短语的位置等问题。

（二）英语词汇教学的原则

为了更加有效地组织词汇教学活动，促进词汇教学的进步，提高学生的词汇能力，并培养学生的英语交际能力，英语词汇教学应遵循的教学原则主要包含以下四方面：

第一，兴趣激发原则。兴趣在学生的词汇学习中所发挥的积极作用是不容忽视的，如果学生对英语词汇学习有兴趣，那么学生就会有持续的动力，词汇学习就会一直坚持下去，而且学生会带着强烈的欲望去练习英语，寻找一切机会提高自己的词汇水平，在不知不觉中，学生的词汇能力就有了提高。因此，在高等院校的英语词汇教学中，教师应有意识培养学生的学习兴趣，通过多样化的教学活动来激发学生的好奇心，进而调动学生的积极性，使学生更加有效地学习英语词汇。

第二，层层递进原则。英语学习是一个层层递进的过程，同样英语词汇学习也不是一蹴而就的，词汇教学应该遵循层层递进原则。教师在讲解词的意义和用法时，应遵循由少到多、由易到难、由浅入深的原则展开。当所学词汇是初次出现时，其范围不可超出所学材料；随着教材中新词义和新用法的出现，逐步扩大范围，加深认识。在词汇学习起始阶段，要由旧到新，即在学习新的意义和用法前复习已学的意义和用法；不能超越学生的英语水平，即不能提前讲授学生尚未接触到的词义和用法。当学生达到了较好的词汇理解程度，教师应尽可能地拓宽学生的知识面，使学生了解到一个单词的多种用法，掌握一个单词在不同语境中的不同用法。

第三，数量与质量相结合原则。英语词汇的数量是极其庞大的，英语词汇量的积累需要日积月累，对词汇的掌握也应该是一个渐进的过程，无论是拼写、语义、用法等都应按照层次逐步提高，实际上这个提高的过程也是词汇教学在质的方面的发展过程。学生的词汇学习是一个量与质并举的过程，词汇学习中的量包含学生所能达到的词汇量，质包含对词义的正确理解和使用，两者是相辅相成的有机整体，如果无法正确理解和使用词义，那么词汇量的积累毫无意义，词汇的储存和积累最终是为了语言意义的表达和交际。当学生对词汇的认知越全面，越有助于学生学习和掌握更多的词汇，也越有助于学生熟练运用词汇。因此，英语词汇教学注重词汇数量与质量的结合，并以此为原则来指导学生的词汇学习。

第四，联系原则。英语教学除了要教授学生词汇知识外，还应教授学生有效掌握词汇的方法。英语词汇量极为庞大，但其核心词汇数量并不多，而且大多数为多义词。同一个词汇的多个意义之间往往是相互联系的，构成一个彼此相关的概念群。有些词汇因词义上的紧密联系，常常会形成记忆中的词汇链，只要掌握其中的一个，其余的就会被记起。根据这种规律，英语教师应指导学生将新词的学习同旧词相联系，引导学生掌握一词多义之间的相关性，使学生把握词汇意义的构成规律，从而达到温故知新、掌握词汇意义的目的。

(三) 英语词汇教学的策略

在信息化时代背景下，英语教师应结合现代化教学手段，灵活采用有效的方法来开展英语词汇教学，从而促进英语词汇教学的改革与发展。

1. 拓宽词汇输入渠道

在网络化时代背景下的词汇教学中，教师应该让学生输入足量的语言信息，使学生能够使用这些语言信息进行自然的交流，要求教师给学生提供更多真实的语言环境。根据"语义场"的理论，学生可以通过扩大语义网来扩充词汇量。网上有很多的网站可供学生学习和练习词汇，也有对词汇进行测试和阅读理解的内容，这都是扩充学生词汇量的渠道。此外，很多学习资料也附有音频资料，学生可以根据需要进行下载听取，对自己的词汇知识进行巩固。在线字典可以帮助学生解决遇到的生词，网络搜索引擎可以扩充学生的词汇输入和词汇学习渠道，解决词汇学习中遇到的语言障碍和文化障碍。

在知识输入的过程中，教师应该注意学生对词汇知识的掌握程度，观察学生是否能够将所学的词汇与具体事物和概念联系起来，是否掌握了词的上下义关系、语体风格、感情色彩等。在学习同义词时，教师可以将相关词语的不同点和不同用法运用公式和图表的形式呈现给学生，并通过文本和声音将大量例句输入给学生等。

2. 创设词汇教学情景

英语词汇教学的最终目的是交际，但是我国处于汉语的语境学习之中，为了更好地让学生切实地理解并运用词汇，需要结合具体的情景进行教学。创设情景是指教师通过语言、教学设备等工具为学生创设一个真实的，集听、说、看等多种感官于一体的语言环境，让学生真正地接触到真实的英语情景，给学生提供使用英语的机会，这样才能让学生深刻地掌握词汇的含义、用法以及避免忘记，不断地提高词汇的学习效率。

（1）课堂情景。在课堂教学中，教师可使用图片、实物、教具等材料创设一定的课堂情景，让学生有身临其境之感。例如，在讲授天气变化词汇时，可以借助多媒体设备进行词汇教学。通过多媒体技术将各种天气变化词汇以多媒体图片、声音或者视频等形式让学生亲身感受不同的天气所对应的单词，这样词汇与情景相结合的教学方法有利于加深学生对词汇的印象，以及更能充分地理解该词汇的含义。

（2）表演情景。当学生积累一定的词汇后，为了让学生更深入地理解词汇的应用，教师可以为学生创设一定的词汇表演情景，促使学生将所学词汇以表演的形式呈现出来。常用的表演情景包括对话表演、歌曲表演、话剧表演等。表演情景的词汇教学不仅有利于激发学生词汇学习的兴趣，还有利于增强学生词汇运用的能力。

（3）生活情景。在词汇教学中，教师可以根据学生的生活阅历创设一定的生活情景来更好地进行词汇教学。教师可以一些辅助教学工具布置各种商店、水果店、书店、文具店、蛋糕店、礼品店等，将所学的词汇用于这些生活情景中，通过使用简单的句式进行词汇练习。通过生活情景的练习，学生在学习词汇时就会注重词汇的实际应用，而不再仅仅以单词的记忆为主。

3. 开展词汇文化教学

文化对英语词汇教学也有着重要的影响，因此，在英语词汇教学中，教师应采用不同的方法在词汇教学中融入文化内容，以丰富学生的文化知识，并具体提高学生掌握单词的效率，进而提高学生的跨文化交际能力。

（1）直接法。直接法就是在教师进行词汇教学时，根据教材内容有意识地介绍一些文化背景知识以及文化内涵词，这是词汇教学中最常用的一种文化导入方法。为了使学生更加直观、深刻地了解和记忆词汇的文化含义，教师可以借助多媒体手段，使学生对文章的文化背景有一个清晰的了解，从而让学生更好地掌握所学词汇。

（2）文化对比法。中西方文化间的差异在词汇上有着显著的体现，因此，教师在教授英汉文化中有着明显差异的词汇时，应将词汇教学与文化教学结合起来，通过文化对比让学生深刻地认识英汉词汇文化内涵的异同。词汇教学通常是比较枯燥的，而文化对比教学则能增加词汇教学的生动性，并且在丰富学生文化知识的同时，也能牢固掌握词汇。

（3）语境法。语境是指词、短语、语句或篇章及其前后关系。由于英语词汇的意义多存在于特定的语境中，英语词汇课堂教学也要结合一定的语境展开。脱离语境展开的词汇教学，即使学生已经记住了词汇的形式和意义，但也无法真正掌握词汇的用法。因此，在英语词汇教学中，教师要深入到句子和语篇中，做到词不离句，句不离篇。经过语境推测学习，学生能深刻地了解、记忆和掌握该词的含义。

4. 采取任务型教学

任务型教学法的核心是以学生为中心，以人为本，注重信息的沟通，活动具有真实性，而且活动量较大。采用任务型教学法进行教学，可有效激发学生的学习兴趣和内部学习动机，真实自然的教学任务能够为学生营造语言运用的氛围，给学生留下深刻的印象，进而能够收到良好的教学效果。

在英语词汇教学中开展任务型教学法，要遵循四项基本原则，即以学生为主体、情景真实、阶梯型任务链、在做中学。此外，采用任务型词汇教学法，关键的一点是设计好符合学生的各项任务，任务要具有可操作性，具有实际意义，能激发学生的兴趣和动机，能够让学生经历一些挑战、竞争，使学生感受到成功的喜悦，体验失败的遗憾，并深入挖掘学生的智慧潜能，使学生成为独立的学生。

二、英语语法教学

"语言是语法化的词汇，人们是否可以准确地将自己的想法用语言表达出来，取决于他们是否用对了语法"[1]。语言的学习时刻都受语法规则的影响和支配，语法学习贯穿于语言学习的始终，因此，英语语法教学是英语教学的重要课题之一。

（一）英语语法教学的内容

第一，词法。词法可分为构词法和词类。构词法讨论不同的词缀、词的转化、派生、

---

[1] 袁静. 大学英语语法教学的重要性及其课堂教学模式探讨 [J]. 科教文汇, 2021（2）：176.

合成等内容，词类可以进一步分为静态词和动态词。静态词并不是绝对不变的，形容词有比较级和最高级的变化，名词就有格、数、性等的变化；动态词主要包括动词以及直接与动词相关的语态、时态、分词、动名词、不定式、情态动词、助动词、虚拟语气、不定式等。

第二，句法。句法可以分为三大部分，即句子成分、句子分类、标点符号。句子成分是指单词、词组或短语在句子中所起的作用或功能，主要包括以下八大类：主语、谓语、宾语、表语、定语、状语、同位语、独立成分。依据不同的分类标准，可以将句子分为不同的类型。按句子的目的可以分为陈述句、疑问句、祈使句、感叹句；按句子的结构可以分为简单句、复合句和并列句。主句、从句、省略句等也是与句子有关的内容。句法学习的内容还包括标点符号。此外，词组的分类、功能、不规则动词等也属于句法的学习内容。

第三，章法。学生在学习了一段时间的词法和句法之后，已经掌握了一定的语法基础，此后就要进行章法的学习。章法的教学内容主要涉及句子之间的逻辑关系、篇章的结构逻辑等。整个语法教学的核心是整个语法知识和技巧发展的基点。而从词法上和句法上看，动词形态变化和主谓基本结构就是英语语法的一个核心和基点。例如，首先以动词和谓语之间的天然关系为纽带；其次通过谓语拉动与动词相关的一系列动态词法内容，并逐渐扩展到主语、宾语、定语、状语、表语等句子成分与相对静态的名词、形容词、代词、副词、数词等词类的关系；最后，发展到对于章节以及篇章衔接手法等语法手段的运用。

第四，功能。功能指的是语法的语用，也是英语语法教学的重要内容。语法项目，无论单词、短语还是句子，都具有一定的表意功能。不同的句式所具有的表意功能不同，同一种句子也可以具有多种表意功能。语法的功能还表现在句子所传达的言外之意，例如：

Wife：That's the phone.

Husband：I'm in the bathroom.

Wife：OK.

上述对话中"That's the phone"与"That's a pencil/bag"所表达的意义不同，这句话其实传递了一种言外之意，即"妻子要求丈夫接电话"，而丈夫的回答"I'm in the bathroom"并不是简单地告诉妻子说自己在洗浴，而是告诉妻子自己不能接电话，既是拒绝，也是表达一种要求，即让妻子接电话。

总而言之，语法体系不仅涉及不同的词法、句法结构等知识性内容，也涉及功能用法，涵盖内容十分广泛。在具体的英语语法教学中，教师应根据教学目标和学生的具体情况，循序渐进地向学生传授语法内容。

（二）英语语法教学的原则

在英语语法课堂教学中，教师应遵循以下基本原则来培养学生的语法能力，保证语法教学效率。

第一，综合性原则。教师在开展语法教学时，应遵循综合性原则，即保证语法教学避免单一性，要做到方法、内容和技能等的综合运用，并且力求做到归纳与演绎相结合，隐性与显性相结合，语法与听、说、读、写活动相结合。其中，归纳法与演绎法各有利弊，在语法教学中应该将两种方法有机结合，以归纳为主，演绎为辅。语言学习过程本来就是隐性和显性的结合，语法教学中也必须遵循语法学习规律，以隐性教学为主，适当采用显性教学方式，通过隐性培养语言使用能力，通过显性增强语法意识。语法是服务于听、说、读、写技能的，因此，语法教学中要注意将语法融入于听、说、读、写的活动之中，使语法真正运用于交际，以真正提高学生的语法水平。

第二，交际性原则。语言的功能是交际，所以，语法知识的学习、语法能力的提高都是为了交际。在语法教学中，了解语法概念固然重要，但是只读语法书并不能真正了解语法概念，还必须不断地实践才能清楚语法概念，学习语法应在实践中不断运用所学的语法知识。对此，在英语语法教学中，教师应变传统的语法知识体系为语法应用体系，不仅仅教授学生语法知识，更要将语法学习与语法应用结合起来，培养学生的语言运用和交际能力。

第三，真实性原则。当输入大脑中的信息具有趣味性、实用性并与日常生活相联系，人就会产生兴奋的情感，在进行输出活动时思维和行动就会比较活跃。因此，生动、真实的学习情景有助于学生快速接受信息，并能激发学生的思维和积极性，进而建构传递信息的愿望。在英语语法教学中，教师应根据教学和学生的需要设计真实的交际任务和互动活动，这样学生可以在言语活动中直接感受语法，对于学生而言，语法不再是一些抽象的规则，而是真实交际生活中的一部分。

第四，英汉对比原则。我国学生处在汉语的语言环境下，语法学习必然会受到汉语的影响。而英汉两种语言的语法之间存在着很大的区别。总体而言，英语重结构，汉语重语义；英语多长句，汉语多短句。英语在结构上只要不出现错误，许多意思可以放在一个长句中表达；然而汉语则恰好与之相反，汉语语义是通过字词直接表达，不同的意思往往通过不同的短句表达出来。因此，在英语语法教学中，教师应注意英汉语法的区别，并采用对比的方法，培养学生对英汉语法之间差异的敏感性，以加强汉语对英语语法学习的正迁移作用，从而加强学生对英语语法的学习，提高学生的学习效率。

(三) 英语语法教学的策略

基于信息化时代的英语语法教学应灵活采用多种教学方法来教授学生语法知识，从而提高学生的语法能力，培养学生的英语综合能力。

1. 进行互动式教学

互动式教学以社会互动论、人本主义为基础，又称为"互动教学法"或"互动合作学习法"。通过互动教学法，不仅可以改变学生被动地接受知识的状态，还能激发学生的学习积极性，提高学生的实际运用能力，该教学法主要包含以下三个类型：

（1）师生互动。师生关系在课堂上的具体表现就是师生互动，也就是教师和学生利用目的语进行有意义的交际的活动。教师在互动式教学中作为课堂活动的参与者和设计者，不仅要注重对学生自主性和独立性的培养，还要帮助和引导学生在语言实践中习得语法。

在教学中，师生互动具体体现在"问"与"答"上，在"问"的环节上体现得尤为突出。高质量的问题更能有效促进学生积极的参与意识和激发学生的思维，并通过问答的环节对语法项目理解得更透彻。教师和学生通过简单的交流和互动来导入和进一步学习虚拟语气的规则，并对语言知识和现象进行归纳总结，让学生于无形中接受语法项目。

（2）生生互动。生生互动就是让学生通过用英语进行交际来完成预设的学习任务。生生互动也是合作学习的一种形式，其可以将枯燥的语法项目置于生动的语言交际活动中，给学生提供更多的语言交际的实践机会，引导和组织学生运用所学的语法知识进行互动的活动，学生入情入境，展示自我。

（3）人机互动。人机交互活动是指在语法教学的过程中借助多媒体教室和网络通信技术的交互功能，建立师生合作和生生合作的机制。多媒体课件在英语语法教学中的应用，可以实现学生和课件之间的互动。除了与教师之间的互动交流外，学生可以更加主动地与课件进行交流。人机交流在语法教学中的应用可以让学生感受到多维刺激，使语法学习变得不再枯燥无味，有助于提高语法学习的效果和效率，并且为学生自学兴趣和自学习惯的形成和发展提供更广阔的空间。

2. 运用多媒体教学

随着现代化信息技术快速发展，多媒体信息化技术普遍应用于英语教学中，并对英语教学产生了重大影响。在语法教学中运用多媒体是指在课堂上利用多媒体计算机演示预先制作好的多媒体教学软件，利用计算机综合处理和控制教学软件中的符号、文字、声音、图像等教学信息，按教学要求和教学进度完成多媒体操作，同时设置学生参与教学活动的教学过程。多媒体运用于英语语法教学，可使学生在不知不觉间将所学的知识转化为能力。其在新课讲授的处理上具有其本身的优势。将多媒体运用在英语语法教学中，可有效打破传统课堂沉闷的氛围，在轻松愉悦的环境下加深学生对语法知识点的记忆和理解。与此同时，利用多媒体教学可以创设情境、感染学生，增添课堂教学的兴趣和活力，还能够培养学生的自主学习能力和创造能力。

3. 开展任务型教学法

任务型教学法融合了交际教学法的理论和研究成果，以任务为中心，注重学生的主体地位，根据学生的不同水平创设不同的任务化活动，让学生在完成任务的过程中调动学生的学习内驱力，锻炼学生发现问题、解决问题的能力，培养学生的合作意识，让学生体验完成任务后的喜悦，发挥学生的潜能。任务型教学法在英语教学中的实施具体包含以下步骤：

（1）任务前阶段。任务前阶段的主要任务是做准备工作，以便为接下来的活动提供保障。在这一阶段，教师的主要任务是让学生了解任务的主题以及要达到的目标。教师可采用不同的方式引入主题，如展示图片、组织学生讨论等。教师还要提前预测并解决任务中可能出现的问题，如教师可以提供某些词语或词组，让学生听录音或听课文等。这些准备对帮助学生回忆词语，有效完成第二阶段的活动十分有利。

（2）任务中阶段。任务中阶段主要包含以下三个环节：

第一，执行任务。教师可以组织学生以结对子或分小组的形式完成任务。在这一环节，学生可运用所学的知识表达思想，内容可以围绕与主题相关的材料进行。教师可给予学生必要的帮助，但不能干预学生的活动或对学生的错误进行纠正，在这一过程中，教师可引导学生就"My dream"这一题目进行构思。

第二，策划。学生可以草拟或预演下一环节的书面内容或要说的话，教师可就学生的活动情况提供帮助，学生此时也可向学生提问。

第三，报告。教师让学生汇报任务成果，然后对汇报的内容进行点评。

（3）语言点阶段。语言点阶段具体包含两个方面的教学，即分析和练习，目的是促使学生了解语法规则，并通过练习巩固所学内容。在这里，分析并不是指语法分析，而是教师根据课文设置一些与语言点相关的任务。此次教学中，教师主要是分析学生在一般将来时中是否存在错误或者表达不妥的问题。在练习阶段，教师可根据具体内容组织各种练习活动，如朗读词语、完成句子等，以巩固学生的知识。

4. 运用语篇教学法

　　语法是与人类认知相联系的，并非只是纯形式的条条框框，语法是有意义的，是可以解释的。当学生的认知能力有了一定的发展，能够理解对语法规则的合理解释时，此时就应该注重对学生语法规则的内化以及语言运用能力的提高。语篇教学法突出语言结构在语言实践中的功能和意义，因而能够满足英语语法教学的要求。

　　（1）相关分析。传统的语法教学仅仅是分析单个的词语或句子，较少涉及语篇分析，这样的语法教学仅仅是了解语法的表面结构，不能从句子内部了解句子的意义和语法关系。随着语法教学和语篇研究的不断发展，将语篇研究运用到语法教学中可有力地消除传统语法教学的弊端，从而建立了语篇语法，这里以语法中双重格的功能和意义分析为例来了解现代语篇语法分析。对双重格的功能和意义分析需要采用语篇分析的方法，将其放于语篇中进行分析，从而发现双重格的相关规则和结构类型。语篇语法能够将语法知识以语篇为中心进行分析，从整体上把握语法的规则及其本质，这样便于让学生从根本上掌握语法知识和语言学习。语篇语法更能从本质上阐述语法的实质，这样更容易让学生理解和接受语言的生成机制以及语言的无限表现力。因此，教师要注意将语篇语法应用于语法教学中，尽可能地激发学生对语法学习的兴趣。

　　（2）具体运用。语篇教学法是指语法教学应以语篇为基础，引导学生对语篇进行整体的语法分析，解析语篇中涉及的语言使用情景的目标语结构及其语用目的，帮助学生强化语法形式和结构意识。教师在教授被动语态时就可以使用语篇教学法。具体操作过程包含以下方面：

　　第一，教师在课前选用一篇真实的、含有很多被动语态的语篇。

DOG ATTACK

　　Jessica Johnson was out walking with her husband when she was at-tacked by an unsupervised Alsatian dog. Jessica's leg was bitten, and she had to have stitches in two wounds. Two days later, because the wounds had become infected, Jessica was admitted to hospital. Even after she was discharged, she needed further treatment from her GP and she was told to rest for two weeks.

　　Jessica is self-employed and her business was affected while she was sick. Also, the trousers and shoes she'd been wearing at the time of the attack were mined by bloodstains, and had to be thrown away.

　　Jessica told us. I'm now trying to get compensation from the owners of the dog.

第二，教师将文章的标题 DOG ATTACK 告诉学生，组织学生分组讨论文章中可能会出现的单词，并将这些单词列出，把学生讨论得出的单词写到黑板上。在这一过程中，教师可补充一些文章中出现但学生没有提及的单词。

第三，将所选语篇分给学生，让学生默读文章并小组讨论下列问题：

a. Who was attacked? Where? How badly?

b. Who was to blame?

讨论完后，教师核对并给出答案，然后进一步提出下面的问题。

c. How long was she off work?

d. What other losses did she suffer?

第四，教师可以让学生把材料扣过去，然后在黑板上写下两个句子。

a. An unsupervised Alsatian dog attacked her.

b. She was attacked by an unsupervised Alsatian dog.

教师引导学生讨论这两个句子的不同之处，引出被动句的结构 subject, auxiliary verb to be+past participle。

教师让学生重读文章并小组讨论问题：为何句子 b 在文章中更适合？学生讨论后，教师可根据学生的回答引出问题的答案 Because the woman is the topic, or theme, of the story, not the dog (Themes typically go at the beginning of sentences)。

第五，要求学生找出文章中其他被动语态的例子并用下画线标出，组织学生小组讨论被动语态使用的基本原理。教师检验学生的练习完成情况，并将被动语态的以下使用规则呈现给学生。

The passive is typically used：

a. to move the theme to the beginning of the sentence, and/or.

b. when the agent is unimportant or not known.

c. where the agent is mentioned, "by+agent" is used.

第六，教师组织学生以组为单位重新构建故事，然后把学生的故事和原故事进行比较。

第七，组织学生用英语讲述与之类似的故事，并要求学生课下以作文的形式写出故事，以此来考核学生对被动语态的掌握程度。

第二节　英语听力与口语教学

一、英语听力教学

(一) 英语听力教学的特点

1. 听力教学对象的特点

通常一个班级的大学生来自全国各个地方，学生的听力水平参差不齐。有些学生听力基础差，没有掌握正确的学习方法；有些学生的语音语调存在很大问题，因而很难听懂正常语速的听力材料甚至已经学过的常用词，当然也有一些学生英语水平很高，比较容易听懂听力材料。在听力水平不同的情况下，使用相同的教材和教学方法，使得听力水平低的学生不想学，教师难授课，也就达不到提高英语听力水平的教学目的。目前，一些学校尝试打破原有的以院系为单位的班级，将学生听力水平分成提高、普通和预备三个层次，针对性地选择授课内容和授课方法，更好地贯彻因材施教的原则。

2. 听力教学内容的特点

英语听力教学内容较为广泛，不仅包括语言知识、文化知识，还包括培养学生对听力策略的掌握和运用"[①]。目前，学生主要的听力问题可以概括为三种：第一种是"听不清"，即对单词的发音、英语的语调特征、说话速度不熟悉，造成不能有效地获取信息；第二种是"听得清却听不懂"，这是由于英语的句法结构、文体特征、篇章逻辑不了解和缺乏听力技巧而造成的障碍；第三种是"听懂了却无法理解"，这是由于学生个人的知识结构、文化背景与所听材料的差距过大造成的。因此，词汇障碍、语音障碍、语义障碍、听力障碍、心理障碍以及文化障碍等成为英语听力教学的主要问题。

(二) 英语听力教学的策略

1. 英语听力教学模式的策略

传统教学模式的呆板和枯燥让学生变得被动，而教师则成为主体，这对教学效果造成

[①] 李红霞. 大学英语教学研究 [M]. 天津：天津科学技术出版社，2017：32.

了影响。因此，应该推崇尝试新的教学模式，并根据具体情况灵活选择使用。

一种值得关注的教学模式是交互式教学。这种模式营造了一个互动的学习环境，鼓励学生积极参与和探索。通过教师和同学的互动，学生能够更深入地理解知识，并且能够主动运用所学的知识进行实践。这种模式不仅仅是简单地传授知识，而且可以培养学生的思维能力和解决问题的能力。

另一种重要的教学模式是文化导入式教学。这种模式注重引导学生建构语言和文化知识。通过学习不同国家和地区的文化，学生可以更好地理解语言的背后含义和文化背景。这不仅有助于提高学生的综合运用能力，还有助于培养他们的跨文化交际能力，使他们能够更好地适应多样化的社会环境。

视听说结合式教学模式也是一种有效的教学方法。这种模式利用视听刺激来促进语言学习。通过让学生观看和聆听真实的语言环境，他们能够更好地理解语言的用法和语音的发音。同时，结合口语训练，学生可以通过模仿和实践来提高听力和口语水平。这种模式能够帮助学生更好地适应实际语言运用的情境，并提高他们的沟通能力。

总而言之，传统教学模式的呆板和枯燥已经不能满足现代学生的需求。通过尝试新的教学模式，如交互式教学模式、文化导入式教学模式和视听说结合式教学模式，能够创造出更有趣、有效的教学环境。这些模式不仅能够提高学生的学习效果，还能够培养学生的综合能力和跨文化交际能力，为他们更好地适应未来的社会做好准备。教育的未来需要我们积极创新和探索，以满足学生不断变化的需求。

2. 英语听力教学的训练策略

（1）选择多样化的听力材料。在选择听力材料时，教师既要结合教学实际的需要，也要结合学生现有的能力和兴趣，还可以让学生在课堂上以英语游戏的形式参与活动，循序渐进地进行练习，让学生既在乐中学，也在玩中学，最大限度地挖掘他们的潜在能力，发挥他们的主观能动性。

（2）英语听力教学中的重要方面之一是加强文化背景知识介绍。学习者若不了解西方英语国家的文化背景知识，会在理解听力材料时遇到困难或产生误解。因此，在英语听力训练中，介绍文化背景知识至关重要。通过向学生提供关于西方英语国家文化的信息，他们能更好地理解听力材料中的文化隐含含义和背景信息。这样的介绍可以帮助学生更准确地理解听力内容，提高他们的听力水平。

（3）给予听力材料前的提示也是提高英语听力能力的关键点之一。在上听力课时，教师可以通过引导学生利用已有的相关知识来预设听力内容，例如，通过简短的讨论或根据题目和暗示来引导学生。这种提示有助于学生在开始听力材料时建立一个合适的预期，并提供一个有效的听力框架。同时，教师需要注意控制提示的程度，避免过多解释或重复材料，以保持学生的兴趣和参与度。另外，培养学生做笔记的能力和提前给出相关问题可以增加学生的学习目的性和效率。

（4）结合精听和泛听的方法也是提高英语听力能力的关键点之一。精听要求准确无误地捕捉每一个词语和短语，而泛听则以理解整体意思为目的，对个别细节的理解可以有所放宽。在听力练习中，可以结合精听和泛听的方法。通过精听练习，学生可以提高对细节性信息的捕捉能力。而通过泛听，学生可以了解文章的概要和大意。这种综合的听力训练有助于学生全面提高听力技巧，并培养他们在不同情境下的听力应对能力。

二、英语口语教学

（一）英语口语教学的特点

1. 英语口语教学内容的特点

英语口语教学内容的特点在于其广泛性和可延展性，其中包括口语实践机会。教师通过组织各种训练活动，综合发展学生的听、说、读、写、译等能力。为了达到这一目标，教师采用多种形式，例如朗诵、辩论、演戏、配音、口头作文等，注重适当的难易度和知识性、趣味性。

通过广泛的教学内容，学生可以在不同的语言环境中实践口语表达能力。教师组织各种活动，使学生有机会用英语进行真实的交流和对话。这种实践机会为学生提供了一个积极的学习环境，鼓励他们大胆地运用所学的知识，提高口语表达能力。

2. 英语口语教学模式的特点

英语口语教学模式的特点体现在强调实用性、知识性和趣味性。教师注重培养学生实际应用英语进行交流的能力，使他们具备在真实情境下运用英语的能力。同时，教师也重视知识的传授，帮助学生掌握语法规则、词汇和语言表达技巧。

在口语教学中，学生扮演着主体的角色，而教师则发挥辅导和指导的作用。教师通过激发学生的兴趣和积极性，引导他们参与各种口语活动。此外，教师还灵活选择教具和教学手段，以满足不同学生的需求，并增强教学效果。

现如今，网络环境的普及使得口语教学更具互动性。教师可以利用在线资源和工具进行听说教学和训练，通过音频和视频材料创造真实的语言环境。这样的互动性能够提升学生的参与度和学习效果。

最后，教学手段和方法的选择对学生的互动和教学效果有重要影响。教师应根据学生的特点和需求，灵活运用各种教学方法，例如小组讨论、角色扮演、情景模拟等，以促进学生的语言交流和思维能力的发展。

总而言之，英语口语教学内容广泛、可延展，应注重综合发展学生的语言能力。英语口语教学模式强调实用性、知识性。

（二）英语口语教学的策略

在纠正学生的英语口语发音方面，可以采取同学互相帮助和监督的方法。通过组织同学之间的小组练习或伙伴活动，学生可以互相纠正发音错误，并提供反馈。此外，引导学生进行发音模仿练习也是有效的方法，例如，播放标准的英语口语录音，让学生模仿并逐渐改进他们的发音。

培养学生口语的自主学习意识至关重要。教师应该鼓励学生积极参与课堂活动，创造一种以学生为主体的学习氛围。这可以通过组织小组讨论、角色扮演、辩论或其他与实际生活相关的口语活动来实现。此外，教师还可以提供一些自主学习的资源和建议，如推荐英语电影、音乐、播客等，鼓励学生在课外积极练习口语。

口语教学应注重输入与输出的平衡。创造一个英语环境对学生的口语提高非常重要。教师可以提供丰富的听力材料，如录音、视频、演讲等，帮助学生提高听力技巧，并通过听力材料中的对话和实例来培养学生的口语表达能力。此外，鼓励学生进行英语交流，例如，组织英语角活动或配对练习，可以帮助学生在实践中运用口语技巧，增强听和说的能力。

口语交际训练是提高口语能力的关键。这包括语言能力、社交语言能力、语篇能力和语言策略能力的培养。教师可以设计各种交际活动，如角色扮演、辩论、讨论等，让学生在不同的情境中运用口语技巧。此外，教师还可以教授一些常用的交际策略，如礼貌用语、谈判技巧、表达观点等，帮助学生在实际交流中更加流利地表达自己。

第三节 英语阅读与写作教学

一、英语阅读教学

（一）英语阅读教学的特点

英语阅读教学是改革前后较少受到质疑的语言技能之一，不仅对于其重要性，而且对于其教学效果方面都是如此。

1. 英语阅读内容的特点

从对英语教材的把握上来看，大学英语教材中几乎包括了各种文体，具有多样性和现代性，其多样性表现为，一是文章涉及多个领域，如语言、文学、经济、科技等；二是体裁有说明文、记叙文、议论文；三是语域的多样性，所选文章既有书面体文章，也有语体口语化乃至俚语化的文章。因此，大学英语的阅读内容具有篇幅长、生词多、句法多样化等特点。

2. 英语阅读方式的特点

英语阅读一般分为精读、泛读和略读。

（1）精读是一种要求学生深入细致地阅读并完全理解语言材料的技巧。在进行精读时，学生需要仔细研读全文，注重把握文章的内容、词汇、语法和句型，以及注释的解释。这种阅读方式旨在帮助学生全面理解文章，并从中获取详细的信息和细节。通过精读，学生能够深入挖掘文本中的意义和信息，提高自己的阅读理解能力。因此，精读要求学生投入更多的时间和精力，以确保他们对文本的理解程度达到最大化。

（2）泛读是一种对全文整体进行阅读的技巧。当进行泛读时，学生的目标是了解文章的主旨大意、主要思想和次要信息，以及作者的观点。相较于精读，泛读更注重对文章整体的把握，而不是深入研究细节和语法问题。在进行泛读时，学生应该能够快速推理、归纳和总结文章的内容，而无须花费过多时间在细节上。此外，泛读的阅读速度应该是精读的两倍，因为泛读的目标是在较短的时间内获取文章的整体印象和主要信息。

（3）略读是一种快速浏览阅读的技巧。略读要求学生以最快的速度浏览阅读材料，而不需要完整地阅读全文。通常，略读的策略是跳跃式地阅读第一段、最后一段和中间的衔接段落，因为这些段落通常包含全文的概述、归纳总结以及上下文关系、递进关系、转折关系和因果关系等重要信息。略读的目的是快速获取文章的中心思想和主要内容。与泛读相比，略读的阅读速度应该是泛读的两倍。略读技巧的运用可以帮助学生在较短的时间内获取文章的关键信息，对于处理大量文本或快速了解文本内容非常有用。

（二）英语阅读教学的策略

1. 运用语篇分析理论

在传统的语法翻译理论的指导下，英语阅读常常重知识点的分析而轻语篇的整体理解，这样的只见树木不见森林的教学模式使学生被动接收信息，往往不能紧扣语篇结构做全面分析。语篇分析理论主张把文章看作整体，从文章的层次结构着手，引导学生注重句子与句子之间的衔接、段落与段落之间的过渡，使学生在语篇基础上掌握全文，从而提高理解能力。

2. 重视学生的词汇量与阅读量

词汇量和阅读量是阅读理解的基础。为了提高阅读能力，学生应该增加词汇量和阅读量。为此，学生应该被鼓励多读、多写和多记单词，以提高他们的词汇量。教师可以教授一些词汇记忆方法，如文章中记忆法、造句记忆法、联想记忆法和构词记忆法等，以帮助学生更好地记忆单词。此外，教师还可以教授一些词汇学习理解方法，例如，利用词缀来猜测生词的含义、利用上下文推测词义以及利用词义比较等。此外，教师还应引导学生掌握词汇的派生、合成和转化等构词法知识，这将有助于学生扩大他们的词汇量。最后，建立记忆和应用的新图式可以帮助学生扩展他们的词汇量，并提高他们在阅读理解中的表现。通过这些方法和策略，学生将能够增强他们的词汇量，从而提高阅读理解的能力。

3. 注重文化知识的介绍

文化知识是一种广泛的概念，包括风俗习惯、人物传记、社会经历等，这些都是构成一个文化背景的重要组成部分。了解和积累文化背景知识对于英语阅读至关重要。那么，如何积累这些知识呢？

首先，老师的讲授是一个重要的途径。在课堂上，老师可以向学生介绍不同文化的特点和习俗，让学生对这些知识有一个初步的了解。其次，大量阅读相关的文化背景读物也是积累文化知识的有效途径之一。学生可以选择一些关于不同国家和地区的书籍，了解他们的文化传统和历史背景。此外，查阅工具书也是一种快速积累文化知识的方式。学生可以使用词典、百科全书等工具书来查询与文化有关的信息，从中获取所需的背景知识。另外，积极进行课外阅读也能够扩大学生的文化视野。学生可以选择阅读一些英语报纸杂志、小说、文化评论等，这些都能够为学生提供更多的文化背景信息。

除了了解文化背景知识的重要性之外，还需要认识到语言本身就是文化的一部分。每种语言都带有所属文化系统的特征和人文属性。因此，缺乏文化背景知识和跨文化意识会直接影响英语阅读的各个层面。为了更好地理解阅读材料并激发兴趣，需要适时地介绍文化背景知识和进行文化差异分析。

在高职院校的英语阅读课中，教材涵盖了各个领域的知识，要求学生不仅要扩大知识面，还要积极收集并内化文化信息。为了提高教学效率和学生的理解能力，可以在英语阅读课中适当地介绍阅读材料的背景知识，帮助学生更好地理解和应用所学知识。

此外，使用视频介绍英美等国家的背景知识也是一种丰富学生阅读知识视野的方式。通过观看视频，学生可以更直观地了解不同国家的文化特点和社会背景，从而更好地理解。

二、英语写作教学

（一）英语写作教学的特点

高校阶段的英语学习主要包括听、说、读、写四项技能的训练。其中，写作教学与其他技能的学习存在一些差异，需要特别注意以下几个关键点：

首先，写作是一个输出和检验的过程，要求学生具备丰富的信息输入和知识积累。写作需要学生通过阅读、听力等途径获取大量的素材和背景知识，才能在文章中进行有力的表达和论证。因此，在写作课上，教师需要充分准备相关的素材，启发学生的思考，并具备广博的知识储备，以便能够给予学生必要的指导和支持。

其次，教师在课后需要有耐心和责任心地给学生的作文提供指正和评价。写作是一个复杂而循序渐进的过程，学生需要进行丰富的联想、组织思路，并进行反复的练笔和分析。教师在作文批改中扮演着重要的角色，应该仔细审阅学生的作品，给予积极的反馈和建议。这种指正和评价不仅有助于学生改正错误，还可以激发学生的写作兴趣和积极性，提高他们的写作技巧和表达能力。

最后，提高写作水平需要较长时间的训练，仅仅依赖临时背诵范文是远远不够的。写作是一门技能，需要通过反复练习和实践来逐步提高。学生应该培养良好的写作习惯，每天进行一定量的写作训练，并不断反思和总结自己的写作经验。同时，学生还应该主动积累词汇、阅读优秀的范文，并且关注语法和句型的运用，以提升自己的语言表达能力。

总之，高校阶段的英语写作教学需要注意以上几个关键点。通过充分准备素材、启发学生思考，以及给予指正和评价，可以帮助学生逐步提高写作水平。同时，学生应该培养良好的写作习惯，进行长期的写作训练，从而提升自己的语言表达能力和写作技巧。

（二）英语写作教学的策略

写作是一项复杂而重要的学习任务，为了帮助学生有效地掌握写作技能，写作教学通常分为三个阶段：写前准备、写作过程和定稿修改。这一过程注重学生的主体地位和积极性，同时强调协作精神。

在写作教学中，教师需要采用一系列技巧来指导学生。

首先，教师应引导学生理解写作过程的重要性，包括明确写作目的、确定受众、构思文章结构等。通过对写作过程的深入理解，学生能够更好地组织自己的思维和表达。

其次，教师应帮助学生掌握语言形式和写作技巧。这包括学习使用适当的词汇和语法结构，以及灵活运用各种修辞手法和句型结构来提升文章的表达能力。通过训练和实践，学生能够逐渐熟练掌握这些语言形式和写作技巧，使他们能够更加准确地传达自己的意思。

此外，写作技能也与其他语言技能相辅相成。教师可以结合听、说、读等技能与写作相结合，通过听写、口头表达和阅读理解等活动来提高学生的写作能力。这种综合性的语言教学方法可以使学生更全面地掌握语言，使他们在写作中更加自信和流利。

在教学过程中，教师不仅要注重学生的语言知识和写作技能的培养，还要关注学生对写作过程的理解和写作能力的提高。教师可以通过示范写作、同伴互助和小组讨论等方式来激发学生的兴趣，培养他们的创造性思维和合作精神。此外，教师还可以通过定期的写作作业和反馈来帮助学生不断改进和提高自己的写作技能。

总而言之，写作教学过程包括写前准备、写作过程和定稿修改三个阶段，注重学生的主体地位和积极性，并强调协作精神。教师应通过指导学生理解写作过程、掌握语言形式和写作技巧，以及与其他语言技能相辅相成的方法来提高学生的写作能力。此外，教师还应关注学生对写作过程的理解和写作能力的提高，培养他们的创造性思维和合作精神。通过这些努力，学生可以更好地掌握写作技能，提高他们的表达能力和思维能力。

第四节　英语翻译教学及创新

一、英语翻译教学

（一）英语翻译教学的意义

1. 有助于提高英语写作能力

翻译有助于英语写作能力的提高，特别是"中译英"对于学生的写作能力大有帮助。例如，"我们通常在家和地铁之间来往，这是他上班的必由之路。不管怎样的天气，无论自己的身体状况如何，他都坚持上班，从不旷工。在别人不能坚持的情况下，他也会到办公室去工作，因为这对他来说是一种自豪"。翻译成："We usually stay at home and the subway between, this is the route one must take him to work. No matter what the weather is like, regardless of their own physical condition, he insisted to go to work, never absenteeism. In the case of others can not insist on, he will come to the office to work, because it is a kind of pride."

此外，教师对内容进行讲解，完成之后，要让每个学生围绕环境的主题写一篇作文，学生经常使用的写作方式是，利用中文把作文的内容提纲列举出来，如环境对人类生存产生的影响；现在我们身边存在的环境恶化现象和环境问题有哪些；分析每一种现象或问题产生的原因；最终的结论是，地球是我们的家园，地球只有一个，倡议全社会和所有公众共同保护环境，爱护环境，从每一件小事做起，从身边做起，保护环境。之后，再让学生用英语翻译每部分的内容，按照框架结构补充相关的内容，让文章变得更加饱满。母语的影响是学生在英语方面存在问题的主要原因，对英语的学习并不是与母语没有任何关联，而是要将英语和母语相融合，从而更好地为英语服务。

2. 可以提升大学生阅读能力

大学英语教学过程中涉及的翻译教学，主要包括恰当的表达、校对和准确的理解等三部分内容，其中表达的基础是理解。校对在英语教学中，具体是指准确翻译原文的同时，利用口语表达的方式对学生关于理解课文的程度进行衡量。

例如，"Wherever they occurred, inefficiency and waste were attacked and nonessential projects were brought swiftly to an end." "他们的出现，我们要反对效率较低与浪费的现象，还要控制工程项目。"在这个例句中出现了翻译错误的问题是因为学生没有结合文章内容准确理解"他们"的含义，只是翻译了字面内容，同时句子中出现的"效率不高和浪费现象"译文与英语的表达习惯比较适合。在英语语言中，名词一般充当主语，如果主从复合句拥有相同的成语，则用代词来代替从句的主语。以这个语言习惯作为依据，可以发现，句子中的代词是指一件事物。我们与语境相结合将英语翻译成汉语时，要对西方英语语言的语境和用词习惯进行考虑做出相应的调整。所以，上面的句子的准确译文应该是——不管浪费和效率不高这两种现象发生在哪里，我们始终持反对的态度，另外将那些不必要的项目进行终止和结束。

因此，英语翻译的基础在于拥有良好的阅读理解能力，在英语翻译的作用下，能帮助学生培养良好的阅读习惯，认真推敲关键的词语和句子，有利于提升学生的阅读效率和阅读水平。

(二) 英语翻译教学的原则

1. 以学生为中心的原则

目前,传统的英语教师角色出现了巨大的变化,教师这个角色本质诉求已经不仅仅包括知识的传递,因此,教师在组织课堂教学时,要更加重视学生的本体性,构建的教学模式应当为和谐的师生交互模式。这种教学模式的理念中更加强调英语教学的语言创新性,其中包含多方面的教学内容,如语言教学、思维训练、心理调适和文化教学等,将学生的课堂主体地位突显了出来。英语教学已经越来越注重培养学生的实践能力,重视创建交互式课堂,以此来培养学生的语言应用以及创新能力,因此,背景性知识在英语教学的过程中十分重要,能够提升学生的文化素养。同时,在教学过程中学生的主体性也被这一观念所强调,此教学观念认为,从某种层面上来看,教师仅仅是引导学生的角色,学生才是创造的本体,是富有主动性的。新的教学观念将课堂中学生的个性加以突出,让他们能在课堂中获得良好的思维习惯、自己的学习风格以及系统的学习策略,充分发挥学习中的非智力因素的作用。总的来说,对学生主体性的强调也能够培养学生的自我能力,激发学生的内在积极性,让学生获得自身的学习动能,并将学习积极性发挥出来,形成自身独特的学习风格。

教师在传统的教学模式下拥有绝对的权威,所以,学生通常不会和教师过于亲密,老师会在教学中有板有眼地讲解,而学生则是被动地接受知识。从本质上来看,这种教学模式的传统思维特征十分明显,具有填鸭性质。在新的教学模式下,最需要考虑的事就是角色转换,应当明确课程当中的主导人物和主体人物。教师的任务是引导学生,而学生才是课堂中的主体人物,教师要帮助学生将学到的知识在实践中应用,帮他们提升英语素养。传统教学模式中,课堂的中心是教师,而学生在现代化的模式中获得了课堂中更高的价值和关键地位。在认知学的角度上,教学的交互性十分明显,知识应当是学生通过发挥主观能动性来获取的,而不是教师强迫学生接收的。在课堂中,学生和教师应当相互合作,也就是说,师生关系有很强的合作共赢性,并不是一方受一方牵制的。但以学生为中心这种新的教学思维理念也并不代表教师过去的权威价值消失殆尽,而是教师本身的身份得到了摆正,能够充分发挥其本身的引导作用。教师在传统的课堂中拥有绝对的话语权,学生的独立性较低,这样在课堂中,学生就会十分消极被动,思考力减弱。学生心中的问题很难被老师所了解和良好回答。

"以学生为中心"对培养学生的技能十分重视,同时,也并未忽视学生的基础知识掌握。可见,让学生将学到的知识在社会实践中应用是这种实训技能提升以及模式兼顾理论的掌握的主要目的，在此基础上来让学生的知识应用水平得到提升。

对于学生来说，学习英语翻译的过程是专业知识框架的重新创建过程，是一种经验总结的学习经历，教师在教学的过程中并非知识灌输者，而是引导者和协调员。学生要重新进行自身的定位，抛弃过去的被动身份而变成主动参与者，进而能够自主探究知识，并对知识进行意义构建，成为知识的主人。

坚持以人为本，以学生为中心的教学理念，并不是让教师顺从学生的意见，而是要求教师拥有更高层次的教学。总的来说，下面三个方面能力是教学人员需要提升的能力：

（1）转变自身角色。学生通过教学过程获取知识来源并非只有教师；教师的职责使命也并不是单纯地传授知识，而是引导学生探索学习方法、解决学习问题、达成学习目标。

（2）着力增强学生的创新意识，提升他们的创造性、发散性思维。

（3）开展教学活动时要讲究方式方法，使其兼具灵活性、趣味性和可操作性，有效利用生活环境，使课内外相互配合，并适当开设专家讲座传授经验。

2. 激发学生学习兴趣的原则

兴趣是最好的教师，是推动学生学习的动力。学生只有对学习充满兴趣，才会积极探求事物。可见，学生英语学习成功与否，在很大程度上取决于他们对英语的学习兴趣，翻译教学工作也是如此。另外，作为一项复杂且难度较高的双语转换工作，翻译练习对于任何学生而言是枯燥的，尤其是对语言基础不牢、专业知识不精的学生而言，更是难上加难，种种原因成为无法激发学生学习兴趣的阻碍。因此，教学人员需要把激发热情、培养兴趣当作引导学生主动学习的基石，如教师可以结合以下三点建议进行学生兴趣培养环节的开展与实施：

（1）进行情景教学。翻译教学要一改传统教学作风，认识到学生才是教学主体，深入贯彻"以学生为中心"的教育理念。教师在教学中不能一味地讲述翻译的基本理论或技巧，而是要注意活跃课堂气氛，引导学生做课堂上的主人。对此，教师可以创设一些活动情景。例如，在翻译商务文体时，教师可以为学生创造商务翻译活动情景，在模拟情景中，学生既可以真正了解工作所需要的技能，又能体会到翻译工作的不易，同时在相互合作与协商中完成翻译任务，使学生体会到团队合作的重要性，从而培养团队意识与合作精神。

（2）充分利用多媒体和网络等教学手段。随着多媒体技术的发展，与多媒体相关的各种教学手段也被应用在英语教学中。教师借助网络，可以有效提高学生对翻译课程的学习兴趣，从而提高学生的学习动机以及自主学习能力。

（3）进行案例教学。以商务英语翻译教学课程为例，教师可以根据相应的课程设计，寻找与某一单元主题直接相关的翻译案例，把学生带入特定事件现场，再现案例，从而提高学生的实际翻译能力。需要注意的是，所选取案例内容要足够新颖，最好与学生的专业或社会实际密切相关，这样才能切实有效地激发学生的翻译兴趣。教师将翻译教学巧妙地贯穿到案例讲解中，不仅可以讲解翻译相关知识，还能渗透相关翻译技巧，化枯燥于无形，从而提高课堂教学效果。

3. 循序渐进的原则

翻译是一项复杂的双语转换活动，不仅涉及语言自身差异，还涉及其他因素，如文化等。因此，学生翻译水平的提高不是一朝一夕能实现的；相应地，翻译教学也不能操之过急，应当本着由浅入深原则，按部就班地进行。具体而言，需要教师做到以下三个方面：

（1）从学生最熟悉的主题和层面入手，选择恰当的篇章内容。

（2）从学生最了解的主题和层面入手，选择合适的文章题材。

（3）遵循由浅入深、由表及里的原则，详细阐释原文语言内涵要义，避免急于求成。

（三）英语翻译教学的特征

1. 题材丰富

当今社会对综合且实用型的翻译人才需求量较大。所以，应当尽可能将翻译练习的材料系统化、多样化，只有这样，社会的翻译人才需求才能够得到满足。在教学的过程中，教师应当尽可能丰富教学题材的内容，让学生能够广泛接触各种文体，并得到针对性训练。总体而言，广告、影视、文学和科技等各种实用文体都应当被纳入翻译的文体中。另外，教师要注重将各种文体以相互结合的形式进行讲解，不能孤立文体，教师应当在课后总结归纳学生翻译中的常见问题，若在某种问题练习中，经常会出现某类翻译问题，那么，应当尽快针对性地帮助学生进行此方面的翻译训练。

2. 学以致用特征

交际是翻译学习的主要目的，因此，在教学过程中，要注重学生的实践能力提升，让学生学以致用，获得更多的实践机会，例如，教师可以让学生进行实际的翻译工作。译文读者的反馈是决定翻译好坏的最终标准，客户的需求是否被满足是译作能否被接受的主要标准。这就决定了翻译教学这门课程拥有很强的实践性，并不是封闭的。所以，学生在经历了一定的社会实践锻炼后再正式从事翻译工作，更能保证他们工作的顺利进行。

3. 注重文化特征

英语学习从本质上来看是跨文化交际活动，翻译学习与之相同，学生应当对各种文化背景国家的风土人情和思维习惯加以了解。所以，教师在多元文化下的翻译教学过程中要谨记这一原则，重视培养学生转化文化信息的能力。

（四）英语翻译教学的阶段

在表达习惯方面，英语和汉语有很大的区别，所以，翻译过程的本质也是对两种语言差异进行充分理解和妥善处理的过程。翻译主要包括理解、表达和校核三个阶段，其中，第一个阶段的理解是翻译的重要基础；第二个阶段的表达是翻译的核心内容；第三个阶段的校核是深化前两个阶段的内容。

1. 理解阶段

要想翻译准确，最关键的是要正确理解，这也是表达的重要基础和前提，具体是指在对原文进行阅读时，译者要深入思考原文所要表达的内容，这是对原文内容、行文风格和其中所包含的思想情感进行掌握和认识的重点。

对原文进行理解也是解码源语的过程，为了进行更加准确的解码，译者要对原文的文化背景和表达习惯充分了解，并结合这些内容阐释原文，才能获得完整的原文信息，对原文的理解才能够更加准确和透彻。理解原文并不解释获取原文信息，还要结合上下文内容对特定词汇的不同含义进行了解，同时也要深入了解原文习惯使用的表达方式和句法结构。

（1）理解原文词汇的含义。理解词汇是进行汉英翻译的开始和前提，再将理解词汇逐渐向句子、短语、整个篇章和段落扩展。

第一，要想成为一名合格的译者必须对原文的词汇进行了解，对词汇的含义进行准确把握才能更好地进行翻译。因为英语和汉语中所包含的词汇有不同的含义，有些时候使用一个英文单词便能表示两个汉语词语的含义，同一个汉语词语在不同的语境和语法结构中，代表的意思也不相同，要结合内容理解词汇再翻译成英文词语。所以，进行翻译时首先要对词汇的具体含义进行理解，避免出现望文生义的现象。

第二，对词汇的表层含义进行理解之后，要与上下文语境对词汇的深层含义进行了解。理解原文不应该局限于对字面和浅层的了解，更多的是对文章中字里行间隐藏的信息进行深入挖掘，表达时使用合适的方法。进行翻译时，译者要对语篇的语境进行把握。语境在语篇中的作用主要包括五个层面：一是具体化含义；二是让词语增加更多的社会文化内涵；三是实现修辞意义与词义的融合；四是单一化含义；五是将临时的含义赋予词汇、句子或短语。

（2）理解原文的逻辑关系。要想对原文加深理解还要对原文的情感意义和逻辑关系进行分析。因为不同的人拥有不同的思维方式，他们形成的语言逻辑也存在差别，所以，译者始终要坚持严谨的原则和态度，与具体语境相结合，深入掌握原文的逻辑关系，对原文的语言风格进行理解，以原文的内容和逻辑作为基础和依据开展翻译工作。此外，译者还要对原文的情感意义进行理解，具体是指原文作者想要表达的态度和情感。译者要准确把握译文的细节，将原文的态度和情感仍然保存在译文中。所以，译者要对原文的语义充分理解和把握，才能选择合适的句子结构和词语准确表达出原文的含义和情感。

除此之外，译者还要对汉语和英语中在修辞使用方面的差异加以关注，防止产生修辞使用不当使得语段发生逻辑矛盾问题。语段这个单位是介于句子和语篇之间，它可以是一个句子，也可以是一个句群。汉语原文一般会使用多种修辞手法将更加生动形象的文字、情境和情感表达出来，所以，在翻译过程中要与实际情况相结合。从汉语的表达习惯来说，使用修辞与语言逻辑相符，但是译者将其翻译成英语时，要考虑在英文中使用这些修辞是否得当，是否会出现逻辑混乱的问题。

（3）理解原文语法的结构。在汉语和英语之间互相翻译时，译者一方面要对两种语言语篇包含的意义进行了解；另一方面还要对汉语语法和英语语法之间存在的差异十分了解，促使译者翻译水平和翻译质量的提升。

第一，对汉英两种语言的句法结构十分熟悉、非常了解，特别是两者之间在结构上存在差异。"形合法"是英语句子常使用的结构，其特征主要包括：拥有多样化的句子形式、有紧凑严密的句子结构、重视稳定的句子结构，但是句子的主要架构还是由主语搭配谓语组合而成，具体来说又包括六种句型。与英语句子构成的结构相比较，汉语结构更加复杂多变，"意合法"是汉语句子常使用的结构，是指其主要目的是为了表达含义，结构比较简洁明了。英汉互译时，译者要使用不同的处理方式对待两种语言的句子，将汉语翻译成英语时，译者要确定汉语句子的含义后再解析句法结构；将英语翻译成汉语时，处理英语句子的顺序和汉语相反，先解析句法结构再理解句子。

第二，汉英互译的过程中，一方面要关注和重视两种语言句法的差异；另一方面还要特别注意如何对句法进行转换。一般而言，汉语和英语在主语和谓语的相互搭配上比较类似，需要引起关注的是，汉语中存在较多流水句，英语句子则是对主谓搭配严格遵循，在一个句子中只存在一个主谓搭配组合，而非谓语动词则负责呈现其他句子成分。所以，将汉语翻译成英文时，译者要重组句子成分，对译文的主语进行考虑，运用英语的句法搭配谓语。与上文相结合分析两种语言的句子，互译两种语言的句子，对句子结构的特征充分运用。将英语翻译成汉语时，则要将形合的句法结构转变成意合；将汉语翻译成中文时，则要将意合的句法结构转换成形合。

第三，译者进行翻译时也要重点关注词的形态。这是因为英语词汇和汉语词汇的差异还体现在形态方面。与汉语相比，英语词语存在形态变化，词汇的差异还体现在词类区别和不同类型词汇的使用频率上，例如，介词和名词在英语中使用较多，动词在汉语中使用较多。所以，汉英互译过程中，翻译不能完全对照原文的词性进行，而是要与目的和特征相结合，让词类灵活变化，如此一来，翻译出来的句子才能与目的语的语言特征相符合。

2. 表达阶段

在英语翻译教学中，理解和表达属于两个不同的阶段，并且发挥的作用有所区别，但是两者之间存在紧密相连的关系。理解要求准确性，表达要求充分性，理解是表达的基础，同时在表达的基础上才能更加深入地理解原文，所以，两者之间相互促进、相互依存。

表达的充分性是指，译者在翻译过程中，能将原文包含的情感、作品风格和内容进行充分展现，这是译者掌握某目的语的能力和素养。在表达过程中，译者要将表达的尺度把握好，一方面要避免表达过度，另一方面也要防止表达不够充分。表述过度是指在翻译过程中，译者忽视了原文本意，任意添加内容；表达不够充分是指，译者对原文本意不够尊重，任意删减内容。译者理解原文含义的程度和所具备的语言修养程度决定了译文的表达成效。充分表达的前提和基础在于深入理解原文含义，但是理解正确不代表在表达上也能够正确。因为不同的语言在句式、表达方法和语法方面存在许多区别，所以，翻译过程中要与语言特点相结合，使用不同的方式，灵活处理翻译。

3. 校核阶段

校核工作主要包括对原文内容进行核实和对译文进行再次推敲。翻译的最后一个环节是校核，校核也是深化前两个阶段的过程，是翻译过程中的重要内容和环节之一。校核并不只是对原文进行粗略的阅读，将其中明显的错误进行改正，而且要再一次加工译文。优秀的译文就像是一个制作精美的艺术品，需要创作者耗用较多时间和精力精雕细琢。译文在校核之前，需要创造者对其进行雕琢和修饰，可能会有严重的错误存在。所以，译者要充分认识校核工作的重要性，并且对该环节秉持认真严谨的态度。

检查译文就是校核，校核的内容主要包括：一是查漏补缺，检查翻译过程中是否存在遗漏的地方；二是对译文进行检查，是否正确翻译了包括数据和时间在内的关键信息，同时还要对一些容易忽视的低级错误进行检查。

校核环节应该注意五点：①发现和纠正对翻译错误的内容，进一步修饰翻译不妥的内容；②尽量避免晦涩难懂的词汇出现在译文中，译文段落要正确使用标点和标记；③正确翻译包括日期、时间、数字、人名、地理位置和地名等在内的关键性信息；④正确翻译重要的词语和已问的内容；⑤一般而言，校核要进行两遍。第一遍是对内容进行重点校核，第二遍是对译文中的文字进行润色和修改。如果时间比较充足，要与原文对照，通读译文，并且将最后的修改和检查全部完成。解决以上所有问题之后，才能将译文最终定稿。

结合上文阐述可知，翻译的三个重要环节是理解和表达以及校核，这是进行翻译必须具备的阶段，三者之间存在紧密联系。表达的前提是理解，表达效果的优劣直接受到是否进行准确理解的影响，所以，译者要充分了解文化背景才能对原文进行理解。翻译质量决定因素在于表达，译者不仅要对原文的原意和风格进行保留，还要符合目的语的表达习惯，这要求译者具备更高的翻译能力和素养。在翻译过程中，校核环节的作用在于把关，即便译者具有高超的翻译能力和技巧，深刻理解了原文的含义和内容，恰到好处地使用译文对原文进行表达，仍难免出现疏漏和差错，译者的多次润色和校对是形成翻译作品的必要环节。所以，在翻译过程中，理解、表达和校核扮演着不同的角色，具有不同的功能。

（五）英语翻译教学的方法

1. 图式教学法

所谓图式教学法，就是运用图式理论，激活学生的背景知识，然后，在大脑中形成不同的模式。图式是一些知识的片段，是大脑对过去经验的积极组织，是学习者将储存的信息对新信息起作用的过程。换言之，学习者如何将这些新信息融进原储存的知识库中就是图式的过程。如果面对的新信息在大脑中没有现存的类似图式，就会对所学知识的理解产生消极影响。

英语教师在教学过程中，要在传授新知识的同时，激活学生头脑中已经储存的知识结构，使新信息更容易被理解和吸收并融合到已有的图式中，从而能正确地理解所学的新知识。因此，我们将"图式"引入翻译教学方法的研究之中，利用背景知识去激活相应的内容或形式图式，以求得对原文的正确理解。教师有必要在练习之前介绍翻译目标语篇的体裁、句式结构以及语篇结构，尤其注意背景知识的提供。翻译时，如缺乏背景知识或不能恰当地运用背景知识，就不能成功地激活图式。只有这样，才能训练学生把握宏篇全局的翻译习惯。教师也可以根据课堂需要给学生提供一些图式，这些图式只有被激活才能正确理解语言，然后根据这些材料进行翻译。

2. 语境教学法

语境教学法就是通过创设具体的语言环境来导出或解释新的英语单词的一种教学方

法。运用情景教学法主要可从以下两方面着手：

（1）创设情景来呈现词汇。在英语教学中，我们也可以把情景理解为语境。在我国，学生们缺少英语学习的语境，而英语水平的提高需要学生在一个轻松、自在的接近母语环境中进行长期的练习，而教学所要做的就是尽可能地为学生提供这种接近母语的语境。

（2）通过阅读呈现词汇。词汇是阅读的基础，在听、说、读、写四种语言技能中，词汇与阅读的关系最密切。因此，高校英语教师应该教会学生在日常阅读中积累词汇，让学生们阅读英文时就像平时阅读中文那样，不自觉地去学习一些新的词汇。另外，在欣赏内容、欣赏文字的同时，去培养一种语言的感觉。

3. 猜词教学法

学生的概念能力是指一种洞察复杂环境程度的能力和减少这种复杂性的能力。具体而言，概念技能包括理解事物的相互关联性，从而找出关键影响因素的能力，确定和协调各方面关系的能力以及权衡不同方案优劣和内在风险的能力等。部分学生英语基础较差，词汇量不够，如果对关键词不理解，词句、段落就不能形成概念，这样很容易对内容进行胡乱猜测，所以要指导学生使用猜词策略。

翻译中的猜词方法主要包括：①以定义为线索猜测词义；②以同义词、近义词为线索猜测词义；③以反义词和对比关系为线索猜测词义；④以列举的句子为线索猜测词义；⑤以重述为线索猜测词义；⑥以因果关系为线索猜测词义；⑦以生词所在的前后文提供的解释或说明为线索猜测词义；⑧根据普通常识、生活经验和逻辑推理推测生词词义。

4. 推理教学法

推理教学法源于人类的基本思维形式，即由已知判断推出未知判断。推理教学法应用到教学过程中，主要指的是教师在教学中引导学生从已知现象推出未知现象或本质。

进行英语翻译时，有些文本须借助合理的推理才能更好地理解，涉及的思维活动包括分析、综合、演绎、归纳等。翻译时学习者在看到文本内容后，教师要引导学生根据现有的知识和经验做出推理，把文本中的所有内容都联系起来，这样学生更容易充分理解每个句子。翻译时采用推理教学法可以增加信息的容量，把握事物之间的联系，促进对语言的理解。学生对某一语言的掌握，总要经过日积月累，从一些旧结论推出新结论，从而形成完整的知识框架。教师要在课堂中给学生教授一些推理的技巧和方法，可以从作者的暗示或者联系上下文进行推理，或者利用文本中的解释和定义对某些词句进行推理等，以使英文翻译能够顺利进行。

二、英语翻译教学的创新思考

(一) 完善英语课程设置体系

不管对哪个学科开展教学活动，将学科知识传授给学生，都必须以宏观、科学合理的课程体系作为指导，在开展课程活动时发挥宏观指导作用。目前，英语教学用"一般要求""较高要求"和"更高要求"对非英语专业学生所具备的能力进行划分，并且规定了听说读写译等各方面的量化标准，体现出了英语翻译教学的选择性、灵活性和层次性，让各个高校结合本校的需求和实际情况将教学大纲制定出来。但是，在英语翻译教学科目大纲的制定上，存在设计和整体规划不足的问题，让教师在实际教学操作中存在一定困难。所以，我们要对英语课程体系进行完善。

英语课程体系的制定要与时俱进，和时代的发展保持一致，设置课程时要结合市场对人才的需求，重点对学生的实际应用能力进行培养。英语课程的设置不能只是简单地将其划分成读写课和听说课，并不需要设置翻译课。一般而言，大学第一个学年是大学英语基础阶段，有限学时只能让学生将基础打好、巩固，所以不需要将英汉翻译课程单独设置；在第二学年，可以通过设置翻译选修课和组织翻译讲座的方式，将基本的翻译技巧和理论传授给学生，如果有学生对翻译感兴趣，便可以让他围绕翻译开展一系列的深入学习和自主训练。

(二) 优化英语翻译教材编写

为了推动学生翻译能力和教师翻译水平的有效提升，非英语专业的翻译教材编写工作十分急迫。非英语专业的翻译教材与适用于英语专业学生的翻译教材有很大的区别。所以，在编写英语翻译教材的过程中，要始终坚持与师生水平保持一致的难易程度原则和维持教材的系统性原则，将技能训练、知识和理论融为一体的系列教材，凸显出科学性和针对性。除此之外，教材的主体要以英汉对比和应用翻译作为主要内容，将修辞与翻译、篇章翻译、文化与翻译、各类文体翻译以及赏析不同题材和不同风格的译文等内容加入其中。理论和实践是翻译课程的关键，适用于非英语专业的翻译教材要具备简洁明了的翻译理论，简明清晰的翻译技巧、翻译基本知识和翻译原则，对学生的实际反应能力进行重点培养和提升，所以，要把翻译练习附在每个章节后面，通过课堂讨论和实践的方式促进学生翻译技巧的提升，让学生的实际应用能力培养起来，从而更好地在未来的工作和学习中进行应用。

（三）注重培养学生的语言能力

语言理解能力和表达能力共同构成语言能力。翻译的过程是在对原文进行理解的基础上，用另外一种语言创造性地将原文再现。其中，表达的前提是对原文的理解。基于此，高等院校英语翻译教学的主要目标之一是对学生语言能力的培养。在翻译教学过程中，促进学生语言能力提升的方式主要有以下三方面：

第一，利用互联网平台开展自主学习，将自身的语言感受能力不断提升。让学生利用互联网或者其他有效方式对自己的语料库进行构建，对范文和名作中的遣词造句进行感受，学会如何布局谋篇，教师要定期或者不定期地与学生进行沟通，彼此之间将阅读之后的感受和收获进行分享。

第二，在课堂教学活动中利用翻译欣赏课，让学生感受翻译的魅力，或者让学生对一些名家名作进行翻译，再与名师的翻译放在一起进行对比，对心得体会和感悟进行总结。

第三，开展小组合作型翻译活动。教师将所有的学生分成不同的小组进行翻译。在课堂教学中营造出愉悦宽松的学习氛围，每个学生都可以发表自己的意见和看法，让学生把自己的译文放在一起互评互改。通过比较译文核对翻译进行讲评领悟的方式，进一步对学生的思维进行启迪，让他们深入理解和思考翻译，从而推动学生翻译批评能力和译文欣赏能力的提升。

第三章 英语教学的方法分析

第一节 英语的常用教学法分析

一、传统与非传统的教学法

(一) 传统教学法

20世纪70年代,二语习得研究的繁荣发展对外语教学产生了举足轻重的影响,众多新方法和新途径应运而生,其中的四种传统教学法——直接法、视听法、认知法、语法翻译法,代表着20世纪70年代之前的主要外语教学流派。

1. 语法翻译法

16世纪之前,拉丁语作为欧洲各国的官方语言,不仅用于教育、商务和政府公务等领域,也用于日常的口语交际。然而16世纪,随着罗马帝国的衰落,法语、意大利语和英语取代了拉丁语的地位,开始逐渐成为人们用于口头及书面交际的通用语言。拉丁语虽然不再是一门活的语言,但却成为欧洲学校中的一门重要课程。十七八世纪的欧洲,古典拉丁语的教学以阅读维吉尔、奥维德、西塞罗等人的经典作品,分析拉丁语的语法和修辞成为多数学校拉丁文课程的主要教学方法。16—18世纪的英国开设有"文法学校",学生要接受严格的拉丁文法训练,背诵语法规则、变位和词形变化,并且借助双语对照的语篇进行翻译和写作练习。具备一定的基础知识之后,学生就进一步学习高级语法知识和修辞知识。拉丁语被认为具有最严谨、最有逻辑性的语法体系,因而拉丁语的学习被认为是训练推理能力及观察、比较和综合能力的良好方式,有助于训练学生的心智,提高人文素质。18世纪,英语、法语等现代语言作为外语进入欧洲学校课程之后,人们自然而然地沿用了教授拉丁文的方法，这种教学法因其对语法、阅读和翻译的重视而被称为"语法翻译法"，成为世界上使用时间最长，影响范围最广的一种教学法。

语法翻译法的语言学基础是萌芽于18世纪晚期、盛行于19世纪的历史比较语言学。历史比较语言学主要研究语言的发展史，通过比较各种语言不同时期在语音、词形、曲折变化、语法结构上的相同特点来建立语言谱系，考察语言和民族心理的关系。自从1786年英国的威廉·琼斯的论文证明了梵语与拉丁语、希腊语和日耳曼语的历史亲缘关系后，历史比较语言学得到了长足的发展，这个时期的语言学家大多认为语言和思维是同一的，一切语言起源于同一种语言并受普遍规律制约，因而各种语言的词汇概念和语法范畴几乎是相同的，只是发音和书写形式不同而已。基于这种认识，语法知识成为外语教学的主要内容，逐字逐句的翻译成为教学的主要手段。

语法翻译法的心理学基础是18世纪形成于德国的官能心理学。官能心理学认为，各种官能（如记忆力、理解力等）可以相互分离，单独地加以训练和培养。背诵无意义的复杂的语言形式能发展记忆能力，进行繁杂的语法训练可以发展心智。因此，语法翻译法主张在外语教学中通过背诵语法知识来发展学生的思维能力，磨炼学生的意志。

语法翻译法的教学目标是教会学生阅读和欣赏经典著作，通过对目的语的语法分析和翻译来更好地了解本族语。教材围绕着语法知识进行组织和编写，每一单元包括一个外语篇章、双语对照生词表、用本族语解释课文中出现的语法知识点、练习（翻译或关于语法知识点的问答题）。课堂上，教师花大量时间讲解语法，偶尔让学生做下翻译练习、大声朗读课文并解释所读内容。掌握口语不是外语学习的目标，口语练习仅限于大声朗读单词、句子或段落。翻译练习的句子是为了体现语法规则而生造的，与真实的交际毫无关系。

（1）语法翻译法的特点。语法翻译法的特点主要有以下四方面：

第一，重视语言对比。教学过程中，对目的语和本族语进行词汇、语法、结构等方面的比较。英语教学的目的是实现两种语言之间的转换，必要的时候可借助词典。翻译是检验学生掌握规则和阅读能力的主要手段。翻译做得好，就表明学生掌握了英语。

第二，重视语法教学。学生先学习和每一单元的课文相关的语法规则，背诵双语对照的单词表。语法教学采用演绎法，大量而细致地讲解语法规则，然后在阅读和翻译练习中理解、运用、巩固规则。

第三，重读写，轻听说。语法翻译法把口语和书面语分离开来，认为包括英语在内的外语学习的目标是阅读经典，开发心智，所以，"读写"能力是教学的主要内容。重视阅读能力的培养，忽视听说能力的训练和语言技能的培养。

第四，充分利用本族语。教师用本族语组织教学，用本族语讲解语法规则。课堂上的主要活动是语法规则的系统讲解和课文句子的翻译。

由上可以看出，语法翻译法的教学效果往往不能达到好的效果：学生虽然经过多年严格的语法翻译训练，在实际交流中却听不懂最简单的对话；重视语法规则讲解的方法也不适合年龄小的学习者。这种教学法由于其过多地依靠本族语，忽视听说能力的培养，忽视学生的认知情感等因素，练习形式比较单一，课堂教学气氛沉闷等缺点，在现代语言教学史上受到诸多新思潮、新流派不好的评价。

几乎所有的外语教学研究者都批评过语法翻译法，他们深信一定会有更好的方法来教授外语。然而，语法翻译法经受住了近代外语教学改革的冲击，至今仍有广阔的市场。一种教学法能够延续几百年，说明它有诸多的合理性。语法翻译法重视学生的智力因素，重视培养阅读和翻译能力。事实证明，翻译教学法培养出了大批具备阅读和翻译能力的人才。在以培养阅读能力为首要教学目的的情况下，它不失为一种最佳的方法。

（2）语法翻译法的优势。语法翻译法之所以有着较强的生命力，主要得益于它简便易行和适应性强的优势，主要有以下四方面：

第一，目标语不流利的教师也可进行大班教学。语法翻译法对教师的英语水平、组织教学的能力、备课授课的负担、教学设备、班级编制等方面的要求较低。因此，在师资和教学设备较差、班级规模大、教师工作量较大或积极性较差的条件下，语法翻译法往往受到青睐。

第二，可以适应不断变化的语言学与心理学理论。语法翻译法中对语法的讲授是顺应时代的发展的，无论是布龙菲尔德的结构主义语言学还是乔姆斯基的心灵主义语言学，他们对语法的研究都可以成为教学的内容。

第三，有助于学生的自学。语法翻译教学法理念指导下编写的教材可供学习者课外自学使用，从入门到高阶，各种水平的学习者均可找到适合自己的材料进行阅读和练习。

第四，语法翻译法在实践中不断改进。早期的语法翻译法过分强调对语言形式的学习，对词汇有所忽略，不利于学习者阅读课文、理解课文，后来的"词汇翻译法"重视词汇的翻译，对学习者掌握词义、理解语言材料的意义有较大的帮助。另外在"翻译比较法"中，主张通过对比翻译的实践来理解语言材料的内容，开始关注本族语和目的语的差异以及学习者对目的语的掌握。

20世纪的语法翻译法被称为"近代翻译法"。近代翻译法的特点包括：在教学中注重语音、语法、词汇相结合，以语法为主线；重视阅读能力和翻译能力的培养，兼顾听说训练；以本族语为中介，翻译既是教学手段，又是教学目的。

在语言教学理论的影响以及自身的不断调整下，现代的语法翻译法有了很大的发展，不再完全以语法规则为中心，教学活动也开始关注交际能力的培养。语法翻译法简便易行和适应性强的优势使它在英语教学史上一直没有完全被摒弃，可见，新的教学方法发展了语法翻译法，吸取了其中的有益部分，弥补了其不足之处。

2. 认知法

20世纪60年代乔姆斯基的"转换生成语言学"，冲击了当时在美国占主导地位的结构主义语言学和行为主义心理学，而这二者正是听说法的理论基础。乔姆斯基的语言理论是理性主义的，而结构主义语言学是经验主义的，二者有着本质的不同。语言是受规则支配的体系；人类学习语言绝不是单纯模仿、记忆的过程，而是创造性活用的过程。人类天生具有学习语言的潜能，正是利用这一潜能（语言习得机制，LAD）将抽象规则内化，使之成为语言运用的基础，这些有限的规则将语言的深层结构转化为表层结构，从而生成无限的句子，于是人类能够听懂从来没有听过的句子，说出从未学过的话语。行为主义理论将语言学习等同于其他方面的学习，受制于"刺激—反应—强化—联结"的规律，语言的习得是形成习惯。

认知法，又称为认知-符号法或新语法翻译法，是一种强调语法作用的教学方法，旨在培养学生实际运用语言的能力。它建立在坚实的语言学和心理学理论基础之上，并以乔姆斯基的转换生成语法理论为基础。转换生成语法认为语言受规则支配，人类具备天生的语言能力，并拥有一种语言习得机制。因此，认知法强调学习语言规则的重要性，并鼓励学生发挥智力作用，创造性地运用语言。

认知法主张从学习语言规则开始，让学生通过理解和掌握语音、语法和词汇形式，有意识地掌握这些形式。这种方法重视学生的思维过程，培养他们分析和解构语言的能力。学习语言不再是机械的模仿和记忆，而是一种通过掌握规则并灵活运用的创造性过程。通过认知法，学生能够逐步建立起自己对语言的理解和运用能力。他们不仅学习语法规则，还学会如何运用这些规则进行表达和交流。这种方法强调语法对语言的重要性，并通过系统化的教学过程，帮助学生建立扎实的语言基础。

认知法的心理学基础是认知心理学。认知心理学主张学习外语是一个感知、记忆、思维、想象的过程，是大脑积极思维的结果。瑞士心理学家皮亚杰的"发生认识论"认为，掌握新知识是一种智力活动，是外界刺激与主体反应双向交流的结果。认知心理学家奥苏贝尔倡导有意义学习，重视基本概念和规则的理解。认知法教学主张把第二语言作为一个知识体系来掌握，通过分析讲解，理解语音、词汇、语法知识的规则和掌握语言的基本结构，达到培养外语交际能力的目的。认知法的主要特点有以下六方面：

（1）以学生为中心。教师要了解学生的年龄特点和外语学习的心理认知过程，培养学生正确的学习态度、坚定的学习信心和顽强的学习毅力。教师还要懂得学生的智力活动结构和发展过程，为学生提供易于发现规则的足够的语言材料和情景，从已知到未知，引导学生自己去进行"发现学习"。

（2）用演绎法讲授语法。在理解语言知识和语言规则的基础上操练外语，强调有意义的学习和操练。认知法的核心是理解、记忆和使用的综合。理解是前提，操练是手段，记忆和使用才是目的。

（3）听说读写齐头并进。认知法主张外语教学一开始就进行听、说、读、写四种能力的综合训练，全面发展。通过耳听、口说、眼看、手写多种感官刺激，可以收到更好的学习效果。听说是训练口头语言，读写是训练书面语言，二者相辅相成。通过读写强化听说能力，通过听说提高读写能力。

（4）合理利用母语。在理论方面，乔姆斯基的普遍语法认为各种语言都具有一定的普遍性、共同性。因此，学习者母语的语法知识、概念、规则会迁移到外语中去，从而促进外语的学习。

（5）分析语言错误。听说法强调及时纠错，以免学习者的错误变成习惯。而认知法认为学习过程中出现的错误是难免的，因此要容忍学生的语言错误，对错误进行分析和疏导，不能见错就纠，而是只纠正主要错误。

（6）广泛运用电化教学手段。认知法认为直观教具和现代化教学手段可使外语教学情景化、交际化，有助于创造外语环境，增加使用外语的机会，强化外语教学过程，是在缺乏语言环境的情况下高质量进行外语教学不可缺少的条件。

从认知法的特点可以看出，认知法除了同之前的教学法一样关注教学内容（"教什么"）和教学方法（"怎样教"）之外，在认知心理学理论影响下开始关注教学对象，即"怎样学"的问题，这是外语教学的一个重大进步。然而，与听说法相比，认知法并不占据绝对优势。尽管认知法吸纳了乔姆斯基的语言理论，却没有像听说法那样关注语言学对语言结构描写的成果，因此，它缺少有关教学内容的应用研究，这使得它在"教什么"的问题上缺少实际内容。尽管认知法在理念上与认知理论具有一致性，但是，认知理论对于语言加工过程和学习策略的许多研究尚处在雏形阶段，不能为外语教学提供具体的指导。认知法作为听说法的对立面而产生，给外语教学带来了更多的选择，但是，由于它完全抛弃了听说法的合理内核，也使得自己的教学主张缺乏系统性和可操作性，不能十分有效地指导外语教学的实践。

3. 直接法

19世纪中后期，欧美各国之间商业发展迅速，政治、经济交流往来日趋频繁，社会迫切需要掌握外语并能用外语进行口头交际的外语人才。外语学习的目的出现了实质性的变化，不再只是阅读经典和磨炼心智，而变成了一种社会实际需要，主要体现在对口语的需要。作为当时欧洲学校外语教学的主要方法的语法翻译法却不能有效地培养口语能力，于是一些学者开始倡导外语教学的改革运动，"直接法"作为语法翻译法的对立面就出现了。直接法认为，语言的本质是一整套说话的习惯，它主张学习外语应该像幼儿学习母语那样，反复操练就能达到脱口而出的程度，其最终目的是使学生具备听说口语的能力。19世纪末到20世纪20年代是直接法盛行的时期，欧美许多教学机构和教师都竞相使用这一方法。

直接法的语言学基础是19世纪西欧出现的新语法学派的理论以及在语音研究方面取得的成就。新语法学派的代表人物保罗于1880年发表了《语言历史的原则》，提出了"类推"在语言中的重要作用，为直接法的模仿操练提供了语言学理论依据。1886年，国际语音学会的成立和国际音标（IPA）的制定，使语音系统的描写分析与传授成为可能，标志着直接法的成熟。国际语音学会的早期目标之一就是推动现代语言的教学，该学会有五项主张：①教授口语；②进行语音训练以形成良好的发音习惯；③采用对话体课文以教授口语短语及习语；④用归纳法教授语法；⑤意义的教学依赖于目的语而非本族语。除此之外，还有外语教学法发展的四条原则：①仔细选择教学内容；②确定教学范围；③教授听、说、读、写四项技能；④教材内容的编排遵循先易后难的顺序。

直接法的心理学基础是19世纪70年代由德国心理学家冯特所创建的实验心理学。冯特强调，在语言行为的心理活动中起主要作用的是感觉，而不是思维；是直觉，而不是理智，声音能够引起最强的感觉。这种观点为直接法强调"以口语教学为主""以模仿为主"而无须先讲语法的观点提供了理论依据。另一位德国实验心理学家艾宾浩斯对记忆和联想的研究也为直接法提供了理论支持。直接法强调模仿，广泛采用手势、表情、动作、实物等直观手段，充分调动学习者的听觉、视觉等感官，助于记忆。

在教育学方面，捷克教育家夸美纽斯、法国思想家卢梭、瑞士教育家裴斯泰洛齐等人的主张逐渐被公众所接受。卢梭的"自然教育"理论认为教育必须顺应学生的内在自然的发展顺序。现代教学论的奠基人夸美纽斯主张"直观性"和"简易性"的教学原则，教师应当循循善诱，把自然的过程展现给学生；教学过程要注重由近及远，由易到难，由简单到复杂，由已知到未知，由具体到抽象，等等。因此，直接法强调外语教学要依照学生习得母语的"听、说、读、写"的顺序；通过视听、模仿、手势、图片等直观方式讲授语义；不讲解语法，而是等到学习者对外语有一定的感性知识之后再用归纳的方法教语法规则、句型结构。直接法利用直观手段，用外语教外语，采用归纳法等正是对夸美纽斯的教学原则的具体化。直接法有以下主要特点：

（1）重视口语教学和语音训练，强调模仿。直接法以培养口语能力为主要目标，强调纯正自然的语音语调，以句子为单位，主要采用问答的方式教学。直接法认为语言是一种习惯，习惯的养成在于多模仿、多练习。

（2）用归纳法教语法。初级阶段不进行系统的语法教学，而是在学习者掌握大量的实际语言材料之后，引导其归纳、总结语法规则。在高级阶段需要讲解语法时，使用目的语教授。

（3）尽量避免使用母语和翻译。采用动作、情境、实物、图画等直观手段来代替母语的释义功能，以建立意义与形式间的"直接"联系。阅读目标的实现也是基于对语篇的直接理解，使外语与思维直接产生联系，而不借助词典或翻译。

（4）关注目的语文化。直接法要求教师在课堂上创设生动有趣的情境为学习者提供了解和使用目的语的机会，教学使用的图画通常也是围绕目的语国家日常生活涉及的口语活动情境所精心设计。

直接法强调不以本族语为中介，直接学习目的语，主张用教学生学习本族语的方式学习外语，注重在实践中培养语言习惯，重视语音和口语教学，利用直观教具等，这些特点有利于激发学生的学习兴趣，能有效地培养学生的听说能力，以及用外语思维、记忆、表达的习惯。然而，直接法在处理本族语与外语、口语与书面语等关系上存在着简单化、片面化的倾向。

随着20世纪40年代"听说法"的出现，直接法渐渐淡出外语教学法的历史舞台。相对于语法翻译法，直接法主张教授"活"的语言，突出了外语教学的本质。直接法与语法翻译法的对立奠定了外语教学的传统，此后的外语教学法大多是在二者的基础上改进形成的，或偏向阅读，或偏向口语交际，依其教学目的和培养目标而变化。换言之，直接法是外语教学史上的一大进步，它对后世的外语教学产生了深远的影响，为后来产生的听说法、视听法、交际法等现代教学法的发展奠定了基础。

4. 视听法

视听法产生于20世纪50年代的法国，由法国圣克卢高等师范学院法语研究所推广形成，又叫"圣克卢法"，最初运用于成年人法语第二语言短期速成教学。当时大众传播工具的发展十分迅猛，人们开始在外语教学中广泛借助电教手段，如广播、电影、录像、幻灯和录音等。通过运用声光电等现代化设备，把视觉感受和听觉感受相结合，把语言与形象相结合,从而建立起语言与客观事物的直接联系。视听法重视教学过程中语言材料的完整性,也被称为"整体结构法"。视听法吸取了直接法和听说法的优点,并发展了情景视觉感知要素,形成了独特的幻灯情景视觉与同步录音听觉相结合的方法体系。

视听法是一种外语教学方法,具有以下主要特点:

首先,视听法的理论基础来源于结构主义语言学和行为主义心理学。这两个学科为该方法提供了坚实的基础和指导原则;其次,视听法强调口语能力的培养。在教学过程中,该方法将口语能力置于重要位置,并致力于培养学习者的口语表达能力。视听法主张培养学习者听、说、读、写外语的能力,将其视为四个核心能力。通过综合培养这些能力,学习者能够全面提高对外语的应用能力。与传统方法不同的是,视听法不强调对语音、语法、词汇等知识点的要求。它更注重培养学习者的整体语言运用能力,而非片面地追求知识点的掌握。视听法将外语教学过程归结为刺激—反应—强化的过程。在教学中,通过刺激学习者对外语的反应,并通过适当的强化手段来加深他们的理解和记忆。该方法强调使用视听结合的方法来理解、记忆和储存语言材料。通过视觉和听觉的结合,学习者可以更直观地感知和理解外语。视听法利用视觉形象的手段来促使学生自然而牢固地掌握外语。通过图像、图片和视频等视觉元素的运用,学习者能够形成对语言的深刻印象。同时,通过听觉形象的习得,学习者能够获得正确的语音、语调、节奏和表达方式。通过倾听和模仿,他们能够更准确地运用语言。视听法吸收了格式塔心理学的主张,认为人对语言的认识具有整体性。它注重培养学习者对语言整体的把握能力,而非仅仅关注细枝末节;最后,视听法通过多方位的展示方式向学习者展示目的语。通过从不同角度呈现语言,学习者能够全面感知和运用所学的外语。

(1) 听说领先,集中强化教学。集中三个月,用 250~300 课时进行强化教学,以掌握基本的口语能力。在口语基础上培养书面语能力。

(2) 以句型为中心。描写语言句子结构,归纳句型进行教学,是后期视听法教学的重要部分。

(3) 限制使用母语。用外语讲解以培养语感。

(4) 创设情景,进行语境教学。图像、录音视听结合,使所学外语与情景建立直接联系。

(5) 重视整体结构的对话教学。完整的对话是视听法教学的基本单位。对话既有利于培养口语能力,又能使课堂变得更生动活泼。

(6) 充分利用幻灯、录音等电教设备。

视听法发扬了直接法、听说法的长处,是外语教学手段的一种创新。它改变了原有教学手段的单一性，丰富了教学手段，在教学中广泛使用现代化教学技术设备，使语言与形象紧密结合，在情景中整体感知外语的声音和结构。电化教学的手段直到今天仍然被广泛使用，不断发展的声像技术、多媒体、网络等被运用于外语教学，这是视听法的一大贡献。视听法的不足之处是与它的鲜明特点紧密相连的：过分强调视觉直观作用，忽视对抽象词汇和语法结构的处理和讲解；过分重视语言形式训练，忽视交际能力的培养；过分重视语言整体结构，忽视分析语言的有机构成；过分强调口语，忽视书面语的作用，学习者的阅读、写作能力得不到相应的发展。

视听法没有得到广泛的应用，是因为它自身具有的局限性。一方面，它的理论基础跟直接法和听说法相比没有很大变化，因此，其主要教学原则也与两者高度一致。除了声像配合教学这一创新点之外，没有更多的建树；另一方面，视听法的教学目的是短期快速地培养成年人外语口语能力，所以它以口语为主，排除母语和目的语文字等，这些做法显然不能适应长期的外语教学。理论基础和短期教学目的决定了视听法的成果最终只能作为一种配合外语教学的手段，而没能形成颇具影响的教学法流派。

（二）非传统教学法

1. 沉默法

沉默法是20世纪70年代由美国心理学家凯莱布·加德尼奥（Caleb Gattegno）创立的，沉默法主张教师在教学过程中要尽量保持沉默，学生则要尽量多说话、多练习。沉默法坚持"教从属于学"的原则，认为学习是学生的事情，教学只是辅助手段。教师的角色就是研究学习者，提供各种挑战，借以促进学生的发展。学生不应该简单、机械地重复老师所讲的内容，而应该多思考，多动脑，在"沉默"中专注于完成任务，唤醒潜能，发现所学语言的规律，建立一套内在标准。沉默法不同于其他教学法的一个鲜明的特点是它所使用的独特的教具：奎茨奈尔彩色棒、菲德尔卡片和彩色挂图来进行外语教学。彩色棒长短不一，用来教词汇（如颜色、数字、位置等）和句法结构（如时态、语序等）。菲德尔卡片用颜色不同的方块表示元音和辅音，用来教发音。彩色挂图提供实物和场景来配合外语教学。

沉默法还吸纳了教育哲学的观点，认为教育的目标是培养独立自主、有责任心、具有解决问题能力的学生，而不只是向学生传授语言知识、培养语言技能，它把自我看作一个富有意识和自我教育能量的自我完善系统，它把学习聚集于学习行为本身，而不是学习的内容。语言只是学习的工具，而语言的掌握则是学习行为的副产品。沉默法所体现的教育哲学思想即："独立性、自主性、责任心"。

沉默法的学习观认为：①发现或创造比重复和记忆更有益于学习；②实物伴随有利于学习；③通过解决问题掌握知识。

英语学习是有意识的、有目的的和受控制的学习。因此，不能用学习母语同样的方法去学习外语，而应该用一种严谨的人工方法来进行。沉默法强调学生的主体地位，在沉默中学生专注于自己要学的知识，发现潜在的解决问题的方法。在引导学生积极投入学习中去的做法上，沉默法与认知法是一致的。在沉默法课堂上，学生深深地沉浸于发现新语言之中，教师却尽量保持沉默。教师使用彩色棒、彩色卡片、挂图和各种手势来引导学生发现和认识新语言，掌握语音、词汇、句法结构等。学生通过自我意识学习，先是迷茫而后在练习和错误中建立起正确的语言体系。

沉默法将语言视为经验的代替品，这种方法是以语音和意义的随机组合为基础的。教师在课上使用的语言材料与任何实际的沟通情况无关，他们将语法结构和词汇按照人为的标准进行分类，并使用彩色笔将其逐一教授给学生。同时，教师注重教授语言的命题含义，而非交际含义。句子是教学的基本单位，词汇是教学的核心内容。由于沉默法课堂上教师必须尽量保持沉默，学生只能通过自己的发现和归纳掌握外语，因此所教授的语言材料就受到一定的局限。沉默法把教学词汇分为两类：半高级词和高级词。半高级词主要是一些日常生活用语，如食物、旅游、衣服装饰、家庭生活等，高级词是一些用于表达思想的词，如政治或哲学等方面的词汇。

沉默法的主要特点为：①教从属于学；②利用教具进行教学。色彩和实物可以激发想象、引起联想、增加兴趣；③口语领先；③用外语教外语；④教师不改正学生的错误，教师的主要任务是帮助学生建立一套内在标准，从而自我纠错；⑤强调学生彼此之间的倾听，培养合作学习的能力；⑥强调"独立性、自主性、责任心"，重视培养学生的自学能力，学习行为重于学习内容。

沉默法的教学目标主要是培养初级听说能力和外语自学能力。沉默法的教学活动始于教师示范或提示，然后学生反应、回答，说出更多的句子。当某个学生有错误时，其他学生要主动补充正确的。在沉默法课堂上，学生的角色是多种多样的，有时作为一个独立的学习者，有时作为小组的一个成员。教师则主要根据学生的需要，充当示范者、助手、指导者等。

沉默法的教学步骤包括：①教师将彩色棒倒在桌子上；②教师拿起某个颜色的彩棒，示范读音，或者用教鞭指着图表上的某个字母，示范发音；③学生模仿发音或读音；④如果一个学生错了，教师再示范或示意另一个学生示范。在全部彩色棒所代表的字母或词语都介绍完毕之后，开始新一轮的学习。

与传统的教学法强调听说读写技能的准确性和流畅性不同，沉默法重视学生的主体性，将英语教学的目标提升到教育和生存的高度，强调培养学生的创造性思维、自主学习能力和合作学习能力。彩色棒、卡片、挂图等教具的使用，强调自我意识自我纠错的做法都体现了沉默法在课堂安排和教学理念上的创新。但是，沉默法也有一些不足之处，例如，它很难应用于英语学习的高级阶段。教师在课堂上尽量保持沉默，也使学生失去了大量的吸收语言输入的机会。沉默法的创新也是有限的，在很多教学要素上仍然是传统的，如：在语言学习上采用结构大纲，师生关系也是传统的，老师虽然保持沉默，却如乐队的指挥一般，严格地掌控着课堂上的一切活动。

2. 暗示法

暗示法又叫"洛扎诺夫法"，这种方法将暗示理论运用于外语教学，其神秘色彩和别开生面的教学方式受到了各方面的重视，迅速传入欧美等西方国家，并争相实验，在20世纪70年代形成热潮。放松的策略和集中的注意力可以帮助学习者唤醒潜能，更加有效地学习和记忆词汇和句型。通过无意识渠道获得的信息是长时记忆的基础，暗示法指导下的学生对材料的记忆和吸收比其他方法快得多。因此，暗示法强调学习条件或学习环境在学习中的作用，其最显著的特点是强调教室的布置、音乐的使用以及教师的威信。教师要营造一种"暗示性"的氛围，轻柔的音乐、赏心悦目的室内装饰、舒适的扶手椅，教师展示语言材料时所运用的戏剧化手段等，都是为了让学生放松，从而能够轻松愉快地学习外语。

暗示法把焦虑看作抑制学习潜能的巨大障碍，因此产生两个教学原则以消除传统课堂带给学生的心理压力，这两个原则是"幼稚化"和"假被动状态"。关于暗示法的语言学理论基础，没有明确论及。但暗示法强调词汇的记忆和翻译，表明它的语言观是以词汇为中心的。

暗示法的主要观点包括六个组成部分：权威性、幼稚化、双重交流、语调、节奏和音乐会场景的假被动状态。来自权威的信息能够获得接受者的信任感，也最容易被记住。暗示法认为教师的权威是教学方法最为重要的一部分。教师对教学方法的坚定信念、教师的教学能力、媒体对于成功案例的报道等都有利于增强教师和教学机构的权威性。

双重交流指学习者不仅受直接教学的影响，而且也受到来自教学环境的影响。明亮宽敞的教室，音乐伴奏的背景，桌椅的摆设，教师的个性和教态等，都和教学材料本身一样对学习者有着重要的影响。清新愉快的学习环境能从潜意识方面增进学习效果。

语调和节奏也是暗示法的主要观点。不同的语调可以表达不同的内容，对学习者产生不同的效应。在呈现语言材料时，声调柔和，感情真挚，在音乐的伴奏下努力做到声情并茂，不仅可以强化所学语言材料的意义，也可避免简单重复所带来的单调枯燥之感。节奏有助于潜意识反应的产生，使大脑能吸收、保持并回顾更多所学的东西。节奏的应用特别适合于诗歌教学，也可应用于文章结构紧凑、语句简洁凝练的段落中。有节奏的朗读会使语言材料在学生的脑海里留下深刻的印象。

暗示法的特点包括：①有意识和无意识的统一，整体大脑活动的统一；②关注学习者情感因素，提倡愉快的放松式学习；③重视学生听说能力的培养；④借助母语进行翻译和对比；⑤容忍学生的错误，维护学生的自信心；⑥强调教师对暗示法抱有绝对的信心，排斥其他的方法和技巧。

暗示法从心理的角度来探讨外语教学，体现了对学习者情感因素的关注，设计了很多技巧以促进新材料进入人的长时记忆，对于外语教学有着积极的推动作用。但是，暗示法的应用范围比较小，在实践中有一定的难度，如教学班级小（12人），教室装饰等对大多数学校而言都很难做到。暗示法对教师的要求也比较高：要求教师在学生中树立威信，还应显现出极大的热情。教师需要接受专门的声乐训练，具有一定的表演才能和艺术才能，而且还要掌握一些心理疗法的技巧。

另外，以对话为主的语言材料缺乏真实性，在一定程度上会影响语言交际能力的培养。可见，暗示法对语言理论的忽视，对形式的过分注意，以及对其他教学方法和技巧的排斥，束缚了它在外语教学领域的发展和应用。

3. 全语言教学法

全语言教学法始于20世纪80年代中期，起初主要用于母语教育，后来被扩大应用于成人教育阶段的外语教学，成为在欧美影响较大的一项教学改革运动。全语言教学注重将有意义的语言以全面的、完整的方式传达给学生而不应该把活的语言分割成语法、词汇、语音等部分来进行教学。因为，语言是不可分割的，当语言被分割得支离破碎时，就不再是语言。全语言教学理念强调，外语教学要以学生为中心，注重教学从学生的兴趣、需要、能力、目的、学习风格和学习策略出发，调动学生的主动性和积极性，注重语言的实践性，让学生有目的地学习和使用语言。

全语言法将语言看作人类交际的工具，语言的使用始终发生在社会情境之中，这条原则既适用于口语，也适用于书面语；既适用于母语，也适用于外语。语言具有个人性和社会性：它服务于思考和交流。语言的听、说、读、写等技能，都需要在真实的环境中学习，使得学习者在社会语境中完成表达和交流的目的。

全语言教学法的学习理论是人本主义和建构主义的。全语言法的特点被描述成：真实的、个性化的、自我指导的、合作的、多元的。人本主义的学习理论强调一个宽松的学习环境。教师只有与学生建立起良好的人际关系方能起到促进作用。教师首先必须真诚，抛开无所不知的面具，真正信任、接纳和鼓励学生。建构主义的学习理论强调教学指导的"协商性"，认为知识是在社会互动中建构起来的，而非接受或发现的。教师的作用是提供帮助，但要发现学生在哪些方面最需要帮助。教师的任务不是要完成教学计划，而是要以学生的经验、需求和兴趣为出发点，为学生提供帮助，促进其语言能力的提高。

（1）全语言教学法的理念。全语言的教学理念包括五"全"因素：全学习者、全教师、全语言、全技能、全方法、全语言环境。全语言还包括全语言环境，语言技能的发展是语言和社会环境共同作用的结果。

（2）全语言教学法的原则。全语言教学设计体现了下列教学理念和指导课堂活动的教学原则：

第一，使用真实语料进行阅读，而非为训练单个阅读技巧而编制的文本和练习材料。

第二，强调真实自然的事件，而非与学生生活体验无关编写出来的故事。

第三，阅读学习者感兴趣的真实语料，如文学作品。

第四，为理解而阅读，为真实的目的而阅读。

第五，为真实的读者而写作，并非简单地训练写作技能。

第六，写作是学习者探索和发现意义的过程。

第七，使用学生自己创造的语料，而非教师编制的，或其他商业化的出版教材。

第八，读、写和其他语言技能的综合。

第九，以学生为中心的学习：学生有权选择阅读和写作的内容，赋予学生权利，理解学生的世界。

第十，强调合作，与同伴一起阅读和写作。

第十一，鼓励冒险和探索，将学生的错误看作学习的发生，而非评判成败的依据。

4. 多元智能法

多元智能法源于美国心理学家霍华德加德纳的多元智能理论模型。传统的智能理论认为人的智能是单一的、不变的、与生俱来的，人们常用来测试智商（IQ）的斯坦福-比奈量表涵盖的只有语言智能和逻辑智能。新兴的智能概念提出人的智能结构由八种智能要素组成：

第一，语言智能：创造性地使用语言的能力。律师、作家、编辑、译员常常具有较强的语言智能。

第二，数理逻辑智能：理性思考的能力。医生、工程师、程序员、科学家常常具有较强的数理逻辑智能。

第三，视觉空间智能：感知视觉空间世界的能力。建筑师、装修师、雕刻家、画家常常具有较强的空间智能。

第四，音乐智能：感受和创作音乐的能力。歌唱家和作曲家常常具有较强的音乐智能。

第五，肢体运动智能：动作协调性强。运动员和工匠常常具有较强的肢体运动智能。

第六，人际智能：关于与人合作的能力。推销员、政要、教师常常具有较强的人际智能。

第七，自我认知智能：认识、了解自己并能成功地发挥自己的才能的能力。各个领域中的成功人士常常都具有较强的自我认知智能。

第八，自然认知智能：认识、了解大自然的能力。

人类的智能具有多样性、个性化、发展性和实践性等四个特点。每个人的智能都是多元的，包括了八种智力要素，并且这些智力要素同等重要，不能片面追求其中某一种。同时，人与人之间的差异和个体内部差异都应该被认真对待。人的智力具有开发潜力，通过后天的教育和学习可以不断得到发展和加强。更重要的是，人的智力可以在实践中得到锻炼和发挥，具备发现新知识、解决实际问题的能力。

多元智能理论是以学生为中心的理论，注重的是在丰富的教学活动形式中培养学生的多方面能力。语言教学也应该摒弃对语言智能的狭隘理解，而应该将其作为全人教育的一部分。通过语言学习，不仅可以提高语言智能，还可以开发和发展其他智能。比如，语言的节奏、语调、音量、音调等与音乐能力密切关联，因此，语言学习也可以帮助学生增强音乐智能。中英文切换也可以锻炼学生的空间智能；个人表达也可以增强学生的人际智能。

每个学生都可能具备多项智能，但是因为个体差异，教师需要设计不同的课堂活动来促进学生的语言习得，同时帮助学生认识到自身的潜能。为此，教师可以将常用的课堂活动列出，并按照不同的智能类型进行分类，这样就能够清晰地了解到哪些智能在教学中得到了重视，哪些智能被忽视了，从而改进教学活动，促进学生多元智能的锻炼和发展。针对各项智能类型，建议采取不同的课堂活动，分别为：①语言智能：记笔记、讲故事、辩论；②数理逻辑智能：谜语和游戏、有逻辑性的陈述和分类；③视觉空间智能：图表、视频、画画；④音乐智能：唱歌、演奏、（爵士乐）节奏训练；⑤肢体运动智能：手工、实地考察、演哑剧；⑥人际智能：对子活动、项目任务、小组合作；⑦自我认知智能：自我评价、记日记、自主选择家庭作业。

多元智能法没有明确表述其语言教学目标，而是强调将语言课堂当作一个重要的教育场所，学生在这里了解自己的学习经历，认识自己的智力潜能，并设计自己的学习方式，最终成为一个有目标的、快乐的学习者，成为一个对自己学习负责的人。英语教师先要理解和掌握多元智能理论，并致力于在语言教学中实践该理论。英语教师在多元智能理论的指导下，开发课程，设计教学，组织课堂活动。英语教师还要突破时间、空间和教室资源的限制，成为一个优秀的演奏家，让学生的不同智能因素得到最大限度的激活与开发。学习者应该认识到自己不仅仅是语言学习者，还应该将语言学习看作人格发展的一部分。多元智能课堂旨在促进全人教育，致力于创设环境，使学生成为全面发展的、善于学习的个体。

多元智能理论强调学习者的个体差异，并倡导教学要针对这种差异而进行设计。尽管多元智能法的理念十分具有吸引力，但如何将之运用到外语教学中，目前还缺乏更具说服力的关于教学实践的报道。然而，教师可以将其理念融入教学中，了解学生的智能特点，设计多种活动，提供机会让学生扬长避短、取长补短。

5. 社团语言学习法

社团语言学习法也被称为咨询学习法，是一种新颖的外语学习方法。学生和教师都是学习社团的成员。此法在课堂上的实施方式是，学生围坐成一圈，彼此交流进而通过社团中其他成员的互动来学习外语。教师在圈外为学生们提供需要的咨询和建议。该学习法关注于教师和学生间的交往互动，强调教学过程中的互动性，使学习更具趣味性和高效性。相对于传统的学习模式，社团语言学习法将教师的角色重新解释为咨询师，学生则被视为需求咨询者/顾客。这种形式让教学过程更具互动性，逐渐暗示教师和学生们努力并肩合作来实现整个社团的成功。在这种学习社团中，教师扮演了提供建议和支持的咨询师，而学生则是具有问题的顾客——这种解释更好地体现了咨询学习法中双方的角色。教师协助学生们找到问题背后的根源，并在学习中鼓舞和帮助学生们消除可能产生的负面情感，如焦虑、挫败感之类。社团语言学习法实施简便并且能够激发学习热情。

关于社团语言学习法的语言学理论基础认为，语言由一套包含语音、句子、语法的标准组成，英语学习者的任务则是理解目的语的基本音关系，从而建立起基本的语法结构。"语言是社交过程"把语言看成是一种人际的信息交流工具，信息的交流体现在师生互动和生生互动两种互动方式之中。学习者之间的互动通常在内容上是不确定的，因而重在情感交流，通过交流学习者之间越来越熟识，形成一个学习者社团，学习者渴望成为其中的一员而增强学习外语，和同伴共同进步的动机。

在心理学方面，社团语言学习法推崇"全人教育"的理念，强调真正的人类学习既包括认知因素，也包括情感因素，是认知过程和情感过程的统一。在学习的过程中，师生关系的发展是核心。教师要为学生提供一个安全的学习环境，有安全感的学生才能自由地参与语言学习和思想交流。师生间的相互理解和积极评价对于外语学习至关重要，可以用SARD这个首字母缩略词归纳成功学习的心理要素：S 代表"安全感"（Security）；A 代表"注意—进取"（Attention and aggression）；R 代表"记忆—反思"（Retention and reflection）；D 代表"辨别"（Discrimination）。换言之，当学生感到安全时才会产生动机，才能调动其认知资源参与学习；当一个人开始参与、注意所学内容时，才能更好地记忆和反思；当一个人能够记忆和反思时，才能对所学材料进行辨别，才能类推出语言各要素之间的关系，并把课堂上学到的语言知识运用到交际中去。

社团语言学习法的教学过程大致如下：①学生相互介绍；②教师介绍课程目的和原则；③进入目的语课堂活动阶段；④学生交流学习过程中的感受；⑤师生分析所抄写的语言材料中的词语和语法；⑥学生自由提问、抄写黑板上教师写下的语法分析。

社团语言学习法没有明确规定教学目标，只着眼于培养听说能力，仅在某些情况下会教授一些关于阅读和写作的技巧。这种学习法不会使用事先制定的教学大纲，也不存在明确的教材，学习内容由学生自主决定。教师会根据对学生的了解，准备一些话题、词汇和句型，具体的课堂内容也会因教师和学生而异。

社团语言学习法的主要特点包括：①独特的教师和学生角色。教师是咨询师，是父母；学生是咨询者/顾客，是孩子。②关注学习者情感因素，教师要创设有安全感的学习环境，消除焦虑和挫折感。③听说领先。④不排斥母语，允许初学者使用母语，并借助翻译手段来帮助学习者表达思想。⑤分析目的语语法结构。⑥强调师生互动、生生互动，构建一个互助互惠的语言学习社团。⑦使用录音设备，辅助语言学习。

社团语言学习法认为语言教学是一个社会性过程，注重将学习内容与学生的生活紧密结合起来，鼓励学生主动参与并充满自信。在这种学习环境中，课堂氛围轻松和谐。该教学法倡导全人教育的发展观，充分尊重个体的价值，并促使学习者在认知和情感方面实现统一。在不同的阶段，教师的作用也有所不同。在入门阶段，教师的职责是充当学生的顾问和翻译，允许学生把母语带入课堂，以锻炼他们的胆识和建立自信；随着学习者的不断进步，教师要对学习者的交流和讨论起监督作用，并及时提供帮助；教师的另一个重要作用就是建立良好的心理氛围，形成相互信任、相互依赖的人际关系。社团语言学习法重视学生学习外语的情感因素，尊重学生的表达意愿，然而却忽视了教师的指导作用。由学生决定教学内容，使得整个学习过程随意性太强，教学目的不明确，很难达到一定的教学效果。

另外，这种方法对教师的要求也比较高，教师要具备较强的母语和外语能力，要有较强的翻译能力，而且要经过特殊的咨询培训，所以并非一般教师所能胜任。社团语言学习法更适合于二语学习环境，虽然这种方法在我国的外语教学实践中很难具体实施，但仍然起到了开阔教育者视野的作用。教师可以吸取其人本主义理念的精华，构建师生之间、生生之间多层次的互动关系，营造良好的外语学习环境，使学生在有安全感的状态下调动认知资源，主动积极地投入到外语学习活动中去，更好地进行记忆、反思、辨别，提高实际的语言交际能力。

二、认知法与交际教学法

（一）认知教学法

"学习策略是学习者为了提高学习的效率和质量而采取的策略，恰当的学习策略有助于培养科学的学习习惯，树立正确的学习态度，以及提升整体的学习能力。认知法依据认知规律，对于外语学习有着重要意义和实用价值。"[1]

认知是指人类的思维加工过程，包括感知、注意、记忆、思考、推理和判断等多个方面。这一术语起源于学习心理学，并在认知心理学中得到了广泛的运用。在20世纪60年代之前，学习理论被分为联结说和领悟说两大派，前者逐渐发展为行为主义，后者则成为了认知学习理论。认知学习理论是针对行为主义学习理论的反面而生的，它关注的是学习者内部的思维过程。这一理论认为，学习不仅仅是对外部刺激的反应，还包括了学习者对信息的感受、理解、记忆、管理和应用等方面。因此，认知心理学的研究领域被广泛地扩展到感知、心理语言学、注意、记忆、思考、判断和解决问题等中心思维过程。在心理学中，认知一词的含义并不仅仅是指认知能力，而且包括了各种认知过程，如感觉、知觉、记忆、想象等。这些过程的相互作用形成了我们的思维模式和认知方式，进而影响我们的行为和决策。因此，对认知心理学的深入了解对于我们理解人类行为和决策至关重要。

1. 认知教学法的原则

（1）注重培养学生的语言能力。表面上，认知教学法的教学目的与直接法和听说法一样，都是为了使学生的语言能力能接近于本族语学习者的水平。但是，认知法主要表现在听、说、读、写四种技能之中，它所指的"语言能力"是转换生成语法理论中主张的内化语法规则的能力，而直接法和听说法注重培养学生口语表达的能力。

（2）注重培养学生的创造性思维。认知教学法的一个重要特点是反对机械模仿，注重

---

[1] 肖辰. 认知法指导下的大学生英语学习策略探究 [J]. 佳木斯职业学院学报，2017（8）：378.

培养学生的创造性思维，鼓励外语学习中的创新精神。因此，认知法要求让学生明确每一堂课，甚至每一练习的教学目的，使学生能在明确教学目标的基础上创造性地学习，无论是学习语言知识还是技能训练都强调对内容的理解。

（3）注重学生的认知活动。认知法明确指出，外语教学应以学生的认知活动为主，教师不是课堂的中心。运用直接法和听说法的教师经常主观设计各种教学环节和授课方式，认知法却要求教师在备课时要结合学生的认知特点，根据学生认知能力进行教学。

（4）注重语法教学。认知教学法的教学重视语法，必要时可用母语进行教学。它不同于语法翻译法大量使用的演绎法，认知心理学强调教学必须遵循学生的认知，注重掌握知识的认识过程。然而，认知法的语法教学又与语法翻译法不同，它要求通过有意义的练习以达到此目的。

（5）适当地使用学生的本族语。在初级阶段，学生的本族语使用得多一些，允许必要的适当的翻译。这样，通过对比确定两种语言的难点和重点，用学生的母语解释一些难以理解及接受有困难的内容来帮助学习。

（6）分析学生出现的错误。教师要正确对待学生出现的错误，分析出现的各种错误，对影响交际的错误加以纠正，忽略一些小的错误，更不要指责学生。过多的纠正或指责容易使学生产生羞愧、怕出错的心理，甚至丧失学习的兴趣。

2. 认知教学法的优缺点

在英语教学法的历史发展过程中始终存在翻译法与直接法两大派别的斗争。到20世纪60年代这两大派发展成为认知法（作为翻译法的现代形式）与听说法（作为直接法的现代形式）的问题。认知法主要表现在以下五方面：①语言是受规则支配的创造性活动；②重视对语言规则，特别重视对语法规则的讲解，主张在理解规则基础上进行语言活动；③在学习声音的同时学习文字，四种语言技能从学习外语一开始就同时进行训练；④必要时可利用母语；⑤依靠分析进行学习。

认知教学法作为听说法的对立面而产生，因而它一出现就受到外语教学法专家和广大教师的重视。20世纪60年代中叶，在美国广泛开展了认知法的试验工作。此外，用认知法进行外语教学的班级在听说读写各方面都强于用听说法进行外语教学的班级，自学、阅读能力尤为突出，进度快、学习量大。

认知教学法的出现是历史的必然，它的产生有其社会根源和科学基础。这些问题我们在前面已经叙述过。需要注意的是：提出认知法，倡导认知法，从理论上阐述认知法的几乎都是心理学家，以往的教学法都忽略对学习者心理的研究，正因为认知法的倡导者们是心理学家，所以认知法才把外语教学法建立在心理学理论，主要是认知学习理论基础之上，从而使英语教学法走向健康的发展道路。

(二) 交际教学法

交际法，最初被称为功能法，是一种教学方法体系，以语言的功能项目为纲，以培养学生的背景能力为目的。在社会中，语言的功能指的是语言行为，包括借助语言叙述事情和表达思想。而人的语言行为是从表达思想内容出发，而非从语言形式出发。

功能法以意念项目为主要线索组织教学，因此也被称为意念法。意念是功能作用的对象，在特定的交际需要和目标的背景下确定所需表达的思想内容。随后，在此基础上，为了达到学科教学和交际教学的统一，提出了一个更为具体和全面的交际法教学体系。

在交际法教学中，语言的功能被赋予了更为重要的地位。因此，教学方法追求的不仅仅是语言形式上的准确性，更注重学生们实际运用语言交际的能力。交际法旨在帮助学生们通过运用语言来表达自己的意图和想法，从而提升他们的语言交际能力。

尤其是在意念方面，学生们应该具备基本的语言交际能力。这需要教师在教学的过程中，根据学生们的实际情况，针对性地进行课程设计和实践操作，以培养学生们的交际能力，从而让学生们在真实的交际环境中自如、自信地表达自己的想法。

1. 交际教学法的原则

(1) 师生关系的处理原则。交际教学法在处理师生关系问题上主张学生是学习中的决定性因素，英语教学需要在学生学的基础上研究和实施教师如何教。英语教学需充分研究学生第二语言习得的心理过程，阐明学生英语学习的认知过程，学生如何通过语言理解和表达思想，语言又如何与思维过程相联系等问题。交际法认为，包括英语教学在内的外语教学质量的高低取决于教师和学生、教学目标、教学内容和教学方法等诸因素综合作用的结果。不过，在诸多因素中学生是内在因素，内因起决定性作用。因此，交际法强调学生为外语教学的中心。外语教学需从学生实际需要出发，确定教学目标，精选教学内容和教学方法。根据教学目标选择教学内容和制定教学方法。

(2) 建立"单元—学分"体系的原则。建立"单元—学分"体系，首先，要调查与分析学生学习外语的需要，并按学生共同需要编成不同程度的小组，并为各个小组确定自己明确的教学目标。而各小组的教学目标又必须是互相联系的，相互成为有机的体系；其次，还应为学生提供必要的学习条件，使学生能最直接地达到教学目标。例如，设想五个学生 V，W，X，Y，Z 对外语能力有 a，b，c，d，e，f，g，h，i 等不同的要求。

(3) 综合运用言语交际活动要素的原则。人们在运用语言交际时有八种要素在起作用，它们是：情景、功能、意念、社会、性别、心理作用、语体、重音和语调、语法和词汇，语言辅助手段。

第一，情景。学生需要说的内容受情景制约。意念是学生对情景反应的产物。英语教学须选择与学生将来工作需要关系最密切的语言情景。为了挑选典型的语言情景，还必须考虑角色、场合和谈论的题目等各个方面。学生从将从事的工作出发，挑选语言情景，再从语言情景中挑选交谈所需要的题目，并进而确定怎样的语言形式适合于传递信息。

第二，功能。功能是指语言行为，也就是用语言叙述和表达思想。语言功能项目很多，须选择其中最通用的功能项目。交际活动一般将语言功能分为六个主要范畴：①传达与了解实际情况：如，判明、报告、纠正、询问情况等；②表达与获悉理智的态度：如，表达同意或异议、接受请求或拒绝请求、记起或忘记某人某事、询问可能不可能、表达明确不明确和答应对方或请求对方许可等；③表达与获悉感情的态度：如，表达喜怒、惊讶、希望、满意、失望、忧虑、意愿等；④表达与获悉道义的态度：如，抱歉、原谅、赞同、反对、赞赏、懊悔、冷淡等；⑤请求：如，建议采取某种行动、要求或指示别人做某事、劝告别人做或不做某事等；⑥社交：如，打招呼、介绍、道别、提醒、敬酒等。

在实际言语活动中往往同时不仅仅使用一种功能项目。譬如，在了解对方所说的内容时，还可能表示惊讶或满意等。但在学习语言功能项目时，却需将它们区别对待。

第三，意念。意念分两类：普遍意念和特殊意念。普遍意念是指适用于各种语言环境的意念，这些意念是一组抽象的时间和空间关系，它们与功能项目相联系。例如，存在或不存在、在场或不在场、方位或距离、运动或静止等。因此，普遍意念常由一定的语法形式决定。

特殊意念因谈论的题目不同而有所区别。这些是由题目直接决定的词汇项目。因此，特殊意念是由实义词决定的。例如，谈论天气用 fair, sunshine, to rain 等意念；谈论菜单用 meat, ice cream, coffee 等意念。

功能项目、普遍意念和特殊意念三大要素在运用语言进行交际过程中紧密相连。例如，询问银行的位置：Where is the nearest bank？（最近的银行在哪里?）在这个句子中，询问（功能）银行（特殊意念）在什么方向或在什么地方（存在，普遍意念）。又如，Have you got any milk？（你有牛奶吗?）在这个句子中，询问（功能）有否（表示能力，普遍意念）牛奶（特殊意念）。

第四，社会、性别、心理作用。社会、性别、心理作用是指人们交谈活动中谁同谁谈话，他们之间是什么关系和他们感觉如何等，这些因素不仅指不同的社会身份、职业等关系，还包括一个人在不同情况下所处的不同地位，它们直接影响说话人对使用语言的选择。例如，与别人交谈，可能是与陌生人、朋友、同事交谈。又例如，教师对学生是教师，对其他教师是同事，对校长或领导是下级等。这说明人们的交际活动都受到社会意识、社会法则的制约。因社会身份不同，说法也异。

第五，语体。语体是指人们表达思想的态度和方式。人们根据各自所处的情境和身份，使用合适的语言形式。诸如，正式或非正式、严肃或诙谐、礼貌或粗鲁、肯定或试探等。譬如，家庭成员和朋友之间的谈话一般用非正式的谈话形式。英国语言学家夸克总结了严肃、正式、一般性（中性）、非正式和熟悉的五种语体。例如，医生对病人或病人的家属说话，用中性语体；医生对朋友或同事说话，用非正式语体；医生对妻子说话，用亲昵语体；医生写报告则用正式语体等。

第六，重音和语调。重音和语调是指人们交谈时的态度和情绪不仅表露在说哪些内容上，而且还表现在语音语调的升降上。人们说客气话的程度既与使用的语言知识有密切关系，也跟声调的升降相关。

第七，语法和词汇。语法和词汇是重要的语言形式。语法是人们表达思想的手段。普遍意义常含有语法内容，并用比较固定的语法形式来体现。词汇是人们所需要的意义项目。这些词项常与特殊意念相同。这些词项是实义词。上述诸因素决定人们交谈时所使用的具体语言形式（句子结构、单词和短语等）。

第八，语言辅助手段。语言辅助手段是指身体姿势、手势、面部表情和动作等。

（4）教学过程交际化的原则。从学生使用语言进行交际的角度出发，交际法力求使教学过程交际化。

第一，把言语交际作为全部教学的出发点。要求课堂中所学外语都能在实际生活中运用。外语教学目标就是要教会学生创造性地、有目的地运用外语进行交际的能力，使学生能把所学语言知识在新的场合中重新组织，创造性地表达思想感情。

第二，力求使教学过程交际化。交际功能是语言最本质的社会功能。外语作为交际工具需通过外语交际活动和有趣的课堂教学活动才能更好地为学生所掌握。因此，外语教学要选择真实的言语，真实的情景和在真实的交际过程中使用语言。教学过程交际化要求选择适合社会言语交际的情景。真实、地道的言语材料需安排在合情合理、合乎社会交际情理的情景之中。情景要力求真实、逼真，以保证学到真实、地道的言语。

英语教学要尽量做到教学过程交际化，因为仅有真实、地道的语言材料和真实、逼真的情景，还不能完全保证学生学会创造性地、有目的地使用外语的交际能力，只有做到外语教学过程交际化，才能使学生把外语作为交际工具来使用。因此，英语教学过程应尽量设计成两三个人自然地进行交际的过程，促进学生用外语进行交际的愿望，并通过交际活动发展交际能力。

第三，强调学生方面。英语教学要重视学生，一切从学生的实际出发，充分让学生运用外语，耳濡目染才能掌握外语，因此，学生应多接触外语。在教学过程中，教和学两个方面，学的方面更为重要，教师和学生两个方面，学生更为重要。教师的任务是给学生提供和创造真实、逼真的言语交际情景和创造性地运用语言的机会，从而使学生在使用语言过程中自由表达他们的思想感情。

第四，在语段中使用语言发展交际能力。教学的基本单位不是以往各外语教学法流派中认为的单词、词组、语法或孤立的句子或一两句对话及其组成的课文或文段，而是语段。文段单纯呈现语言形式，而语段才是为实现交际目的服务的。因为，学生在双向或多向的言语交际过程中互相影响、互相促进，它贯串在整个语段之中。

使用语言是指在语段中使用语言形式体系进行交际。那种把语言形式仅仅用作示例的做法只能称作用法。外语教学主要不是讲解语言规则的用法和机械地操练句型，而是在适当的言语交际情景中恰当地使用语言。

理解语言的用法和机械地操练句型，只能培养听、说、读、写技能，不能培养交际能力。交际能力不是听、说、读、写技能，但交际能力包括听、说、读、写技能。所以，外语教学应在语段中恰当地使用语言，从而培养言语交际能力。

第五，听、说、读、写是综合言语活动。我们要把听、说、读、写技能看作是一种言语活动。作为交际工具的语言，既是口语形式，又是书面形式。学生学习口语和书面语同等重要。作为言语活动的听、说、读、写不可能是孤立的，它们必然是一种综合言语活动。例如，听和说常与读或写相结合。同样读和写也常与听与说相结合。在教学过程中，同时看到和听到语言形式比单纯听容易理解和记忆。因此，在语言掌握大体正确之后，口语和书面语要结合使用。同时，每种语言活动都应采取适合自己特点的不同方法。讲解和使用对话的方法与按图问答、叙述和查电话簿的方法不同。使用方法也要跟语言材料相协调，不能使用千篇一律的方法。言语活动必须体现目标，依据目标学什么，做什么。听、说、读、写四种言语活动的先后顺序，多少快慢都决定于目标，从教学的全过程来看，四种言语活动的先后顺序是无关紧要的。听说基础上培养读写能力与开始阶段突出书面语，而在后面的阶段进行听说训练，其结果可能是一样的。重要的是根据目标确定四种活动的适当比例。

技能有两种：理解技能和表达技能。从零起点的外语教学，一开始就应选用地道的语言材料，这些语言材料，有些要求能表达，而有些只要求理解。但表达是"功能—意念"大纲和教材的核心。教师要引导学生把所学语言材料语境和实际语境相结合进行交际。理解比表达容易掌握，理解要先于表达。但是，学习外语过分强调掌握表达能力，而忽视理解能力培养,也会影响多接触语言材料的机会和减慢理解语言材料的速度。学习外语的基础是广泛而深入地接触丰富的语言材料。重视培养学生的理解能力,既能发展学生理解能力,又能使学生接触更多的语言材料。事实上,掌握理解能力是在缓慢地、不断地向掌握表达能力转化。因此,听懂较长的会话或文章内容的大意和泛读理解读物的主要内容是一种极为重要的言语活动,它也能加速表达能力的掌握。从交流思想的角度来看,外语讲得流利较之正确更为重要。在交际过程中稍微有些错误,但不影响理解,使用所学外语的本国人也能听懂,这较之追求语言形式上的正确,却结结巴巴难于表达思想情感更为实用,更易达到交流思想感情的目的。

(5)发展专用英语。专用英语是指掌握与某种特定职业、科目或目标相连的英语,它有两个明显的特点。

第一,有明确、特定的目标。有明确、特定的目标是指由于特定的职业:工程师、农艺师、售货员、医生、药剂师、炼钢工人等的需要,要求达到在本职业范围内使用英语的目标。或者学习英语是为了更好地学习数学、物理、文学、经济、工程、医学、电机和航空等各种学科的需要,要求达到在各科范围内使用英语的目标。

第二,有明确、特定的内容。有明确、特定的内容是指有关专门化的内容。根据学习者的不同目标、不同职业或不同科目的需要以及他们英语和专业知识水平,编写各种专用英语教程。各种专门化英语词汇、语言结构的频率和特性与基础英语之间有很大的区别。专门英语有其独特的词汇、用语和语言结构模式。

学习专用英语的目标是能在所学专业知识范围内用英语进行口头或书面交际。为了培养专用英语的交际能力,整个教学过程要求交际化。学生应在实际科技活动中学习和运用专用英语的独特用语和结构。诸如,阅读和翻译科技资料,听科技报告并记录要点,口头提问和讨论科学报告内容及写科技论文等。做到学中用,用中学,学以致用。

同一专业的科技人员,由于工作内容不同,学习外语的目标和掌握能力的要求也不一样。根据学员运用英语的需要,可以只求掌握一种或两种能力。有的只须掌握阅读科技资料能力,有的则要求阅读和翻译能力,还有的则要求口头科技交际能力。学有目的性,教有针对性,学以致用,能收到较好的教学效果。

2. 交际教学法的问题

英语教学的交际法需要进一步研究的问题有以下四方面:

(1)如何科学地、系统地统计语言功能项目。交际法重视语言的功能。但如何科学地、系统地统计语言功能项目,有哪些确定语言功能项目的标准,而作为语言功能的范畴到底有多少,外语教学又需要多少语言功能范畴,怎样科学地安排它们的教学顺序。

（2）如何协调语言功能项目与语言结构之间的关系。既然交际法以功能项目为纲，为了表达语言功能、进行交际活动，势必同时要出现各种难易程度不等的语言形态和结构。因此，语言形态和结构以难易程度安排与功能项目如何协调发展则需要进一步研究。

（3）如何保证外语教学中的真实语言材料和真实情境。尽管语言材料来源于真实的话语，又安排在真实的情境中，但是，由于真实的语言材料和情境，一旦编成教材，也就变成了预设、固定、静止的语言材料和情境。这也难以应对千变万化的课堂交际活动的过程。因此，尽管交际法企图借助模拟情景、扮演角色、咨询和提供情报等交际手段，把教学过程变成交际化过程，但这些交际手段较之学习母语或在国外生活的自然情景中学习语言，总还带有些虚假性、人为性、创设性。

（4）难以达标在真实情境中用真实语言材料的交际能力。在学校课堂教学情境条件下，外语教学都是有目的、有计划、有组织地进行的，而存在的主要问题就是缺少或缺失真实的交际情境。因此，在学校课堂教学情境条件下达成在真实情境中用真实语言材料的交际能力的目标是极其困难的。

3. 交际教学法的优点

英语教学的交际法吸取各流派之长，它既兼收了听说法根据难易程度安排语言结构，又并蓄了视听法在情景中操练外语等有效方法。它的优点有下列四个方面：

（1）培养学生掌握交际能力。以往各种外语教学法体系主要以语言形式为线索编写教材，而交际法则以交际能力为主要线索安排教材内容。它首先把语言看作是人们在社会生活中进行交际的工具，外语教学的目标是要培养学生掌握听说读写的交际能力。根据社会语言学的观点，语言要受社会、使用语言的人以及政治、经济和文化等多方面因素的制约。语言脱离了社会经济、政治和文化，脱离了使用语言的人就不成其为语言。而培养学生掌握交际能力最能体现语言的社会本质职能。

（2）从学生实际需要出发，确定学习目标。以往各种教学法流派多半是以教师为中心，而交际法则转向以学生为中心。交际法根据学生使用语言的实际需要，确定其学习的目标。从教材内容到具体方法的选择都集中在完成所定学生学习目标之上。这样，便于学以致用，学用结合，收到良好的学习效果。

（3）教学过程交际化。从语言形式出发难以满足运用外语进行言语交际的需要。只有从语言是交际工具的角度出发，把外语教学过程变成言语交际的过程才能最终满足使用语言进行交际的需要。所以，交际法要求整个外语教学过程必须在真实的社会情景中使用真实的语言进行交际活动。在交际活动中，由于教学的阶段不同，采用的交际活动方式也不同。例如，初学阶段可采用语言游戏、扮演角色、咨询和提供情报等。中级阶段可采用扮演角色、课堂编讲故事、咨询和提供情报、写日记和写信等。高级阶段可采用模拟情景、解决问题和即席扮演角色、编讲故事等。交际法以学生为中心。因此，它要求学生在典型情景中亲自参与各种言语交际活动，而不受教师的制约和牵制。教师的主要责任在于组织安排好学生的交际活动，并帮助学生克服遇到的困难，从而使学生能积极、主动地通过交际活动，发展交际能力。

（4）促进专用外语教学的蓬勃发展。交际法促进专用外语教学的蓬勃发展。专用外语教学具有目标明确和针对性强的特点，从而缩小了所学语言材料范围，便于学生把精力集中在所学专业外语独特的结构和所应具备的外语交际能力之上，从而加速掌握专用外语。

三、内容型与任务型教学法

（一）内容型教学法

20世纪80年代以来，内容与语言融合学习法（CLIL）受到了关注，以沉浸式教学和内容型教学法为两种最具代表性的教学范式。内容型教学法与交际法具有相同的心理学和语言学理论基础，是交际教学法的一种。与交际法所不同的是，内容型教学法对于学习输入的内容非常关注，主张围绕学生需要掌握的课程来组织语言的教学。可以将内容型教学法定义为一种主张围绕学生所学的学科内容而展开教学的交际语言教学形态。它强调围绕学生需要获得的内容或信息，而非语言或其他形式的大纲来组织教学，以达到内容教学和语言教学互相促进、共同提高的目的。

内容型教学法的语言观主要有三点：①语言是一种获取信息的工具，而信息是在语篇中建构和传递的，因此，语言教学要以语篇为基础；②在现实生活中，听、说、读、写四项技能是不能公开使用的，因此，语言教学也应把四项技能综合起来培养；③语言的使用是有目的的，因此，学生在学习过程中要清楚所学语言材料的目的，并使它与自己的目标联系起来。内容型教学法强调关注语言技能以外的能力和素质，因为语言本身是个符号系统，它无非是一种排列组合，本身的深度和美感来自它"运载"的内容。

1. 内容型教学法的原则

内容型教学法关于学习理论的一个核心观点是：只有当语言被用来作为了解信息的途径而不是为了学习语言本身时，语言习得才能成功。由此核心原则衍生出下列观点：

（1）只有当学习者认为所学习的内容有趣、有用而且能指向预期的目标时，语言习得才能成功。如果学习内容与学习者的实际需要紧密相关，就能增强学习者的动机，促进更有效的学习。另外，当学习者的注意力集中在思想、看法、观点等，而非语言形式上时，学习者具有更强烈的学习动机。

（2）某些领域比其他领域更适合于作为内容型教学法所依托的学习材料。地理通常被认为是学科学习与语言学习相结合的最佳选择，因其具有高度的视觉性、空间性和情境性，对地图、图表、模具等辅助材料的使用，以及用大量描述性语言开展教学的特点。

（3）针对学生需要的教学才能取得最好的效果。内容型教学法强调学习的内容应该根据学生的需要来选择，如：选择真实语料（学生会在生活中遇到的、书面的或口头的材料）作为教学设计的出发点。对于特殊用途或学术用途的培训课程，要基于学生具体的行业需求或学术需求。

（4）教学应建立在学习者已有经验之上。学生进入课堂时，大脑不是一块白板，而是已经具备了一定的学科知识。

2. 内容型教学法的模式

内容型教学法的倡导者开发了多个中国企业品牌竞争力指数（CBI）项目，探索出多种教学模式。可以将内容型教学理念描述成一个连续体，一端是内容驱动型教学，另一端是语言驱动型教学，在这两极之间存在着多种教学模式，语言与内容有着不同的权重，具体见表3-1。

表3-1　CBI教学模式的连续体

内容驱动型	→		←	语言驱动型
沉浸式的教学	部分沉浸式教学	保护式教学	附加式教学	主题式教学
完全用二语为媒介教授的学校课程	主要用二语为媒介教授学校课程	由学科教师教授课程，但是学生均为二语学习者	专业课加语言课	围绕学生感兴趣的主题进行教学

完全和部分沉浸式教学以内容为主导，利用二语作为媒介，教授正规的学校课程，它的有效性更多地取决于学生对内容的掌握，语言的掌握是一个副产品。保护式教学的授课对象是非本族语者，由学科领域专家担任教师，但在授课过程中需要关注学生的外语水平，调整教学话语使教学内容更容易被学生理解。

内容型教学法秉承"做中学"的教学理念，鼓励学生进行自主学习、合作学习和体验学习。这就要求学习者扮演积极的角色，积极地理解输入材料，有较高水平的歧义容忍度，愿意探索新的学习策略，多角度阐释口头或书面语料。学习者也可参与到学习内容和活动方式的选择当中，为学习内容提供资源。学习者要对内容型教学有十足的信心，积极适应新的角色，成为一个合作型的、参与型的自主学习者。

内容型教学模式下，英语教师应该兼具语言和专业内容两项专长，这是一个巨大的挑战，因为英语教师可能是语言专家或某个学科领域的专家，但在这两方面都擅长的人可能少之又少。一个成功的 CBI 教师，必须具备下列知识和技能：学科内容知识、学科教学技能、外语知识、外语教学技能、教材的开发和选择、教学评估等。相应地，CBI 教师集多种角色于一身：需求分析者、课程设计者、教材编选者、合作者、研究者、评估者等。

内容型教学法通常选择真实语言材料作为教材。这个真实性一方面指本族语学习者所使用的教材；另一方面指来源于报纸或期刊杂志上的文章，并非为语言教学之目的而编写的材料。与真实性相矛盾的是，内容型教学法还必须考虑到学习者的语言水平，教材要具有可理解性，因此，对教材进行一定程度的语言上的简化和冗余的解释也是必要的。总而言之，教学材料既要具有真实性，又要具有可教性。

内容型教学法的优点在于：语言的形式、功能和意义没有被分裂开来；学生的动机增强、兴趣提高且确保了对认知有较高要求的课堂活动，从而丰富了学生的认知发展。从早期的专门用途英语课程到沉浸式课程，内容型教学法已经被应用到各个层次的语言教学项目当中，如高校生外语课程、商务外语课程、职业外语课程等。然而，内容型教学法在应用中也存在着一些局限性。最突出的是师资问题，兼具语言知识和学科知识的教师非常匮乏。其次，内容型教学法在多大程度上可以帮助学生发展其语言技能，因为学习者会首要关注学科内容的掌握，而忽略语言使用的准确性。鉴于学习者需求的多样化，很难开发市场化教材，这会导致教师花费大量时间甄选材料。另外还有评估方面的问题，是评价学生对学科知识的掌握能力，还是评价学生的语言能力。

（二）任务型教学法

任务型教学法自 20 世纪 80 年代产生以来，一直备受瞩目。任务型教学将"任务"置于课程规划的核心地位，认为学习者通过完成特定的课堂任务而习得外语，并将交际法语言教学重塑为基于任务而不是基于语言的交际法教学大纲。

1. 任务型教学法的理论

任务型教学法（TBLT）是一种以任务为中心的语言教学方法，其理论基础为维果茨基的语言和学习理论。该理论强调了语言学习的社会性和教师与学习者的重要作用，认为语言的发展不仅受到个人内部的因素制约，而且受到社会和环境因素的影响。

在 TBLT 中，教学活动以完成某项任务为目的，来促进学生的语言学习。这些任务不仅应该与学生的日常生活、学习和工作相关联，而且应该是真实而有挑战性的，能够吸引学生的兴趣与激发他们的动机。

此外，TBLT 还包括互动假说、输出假说、有限容量假设和认知假说等。互动假说认为：语言学习是一种建立在对话和交流基础之上的社会实践。输出假说则认为，通过不断的口语或书写输出，学习者能够有效提高语言水平。而有限容量假设则认为，学习者的语言处理容量是有限的，因此，在语言学习中，学习者需要选择那些最有用的语言知识进行学习。认知假说则强调了学习超出了纯粹语言知识本身。它意味着学习者需要通过对输入的分析、建构和评估等方式，来推进语言学习。

通过 TBLT，学生可以获得许多好处：第一，任务能够促进意义协商，促进学生之间的互动和交流；第二，TBLT 还提供了吸纳纠正性反馈的机会，使学生能够及时发现和纠正自己的错误；第三，任务能够整合内化修订过的输入，提高学生的语言输入和输出能力。同时，通过揭示自身输出与源输入之间的差距，学生能够更清晰地认识自己在语言学习方面的不足。此外，TBLT 还能促进语法化过程和输出的精确度，这对于学生的语言学习至关重要。

然而，在使用 TBLT 方法时，需要注意一些问题。首先，教师需要建立在具体交际语境之上，不能脱离实际情境而过度抽象；其次，学生的学习任务应该是合理的，不能过于简单或过于复杂。此外，教师还需要注重学生的学习成果，及时评估学生的语言特点和进度，以便为学生提供适当的指导和帮助。

2. 任务型教学法的特征

对任务特征分类的研究主要考察哪些特征对互动和习得最有影响力，以利于教学任务设计。可以根据语言的复杂性、认知的复杂性和交际的紧张度来划分任务的难度。也可以从输入、任务条件、认知加工过程和任务目标等四个方面描述任务特征。

任务型教学法也可以区分为两种任务类型：真实任务和课堂教学任务。前者指那些基于学习者需要而设计的模拟真实交际而进行演练的任务（如，"制订假期出游计划"包括决定目的地、预订航班、选择旅馆、预订房间等系列任务；而"申请高校"则包含更多的任务：写申请信、回复信件、咨询经济资助、选择课程、电话或网络注册、支付学费等）；后者指那些基于二语习得研究，但不一定能反映真实交际而设计的语言学习任务。

从教学的角度，可将任务型教学法分为六种任务类型：列举、排序、比较、解决问题、分享个人经历和创造性任务。

从认知的角度，可将任务型教学法划分出三种任务类型：①信息沟任务，指对所给信息进行由此及彼的传递，由一个人传递给另一个人，或形式上的转换（如将文字信息转换成图表），或时空的转换，涉及对语言的解码和编码；②推理沟任务，指根据所给信息通过推理、演绎，或对关系、模式的识别等过程推导出新的信息，如根据班级课表推导出教师的课表；③观点沟任务，指针对所给情景，明晰地表达个人喜好、感受或所持态度。如续编故事、参与讨论等，这类任务的结果通常是开放式的。

　　任务型教学法的三个步骤：①任务前活动；②任务环（包括任务、计划、报告）；③任务后活动（包括聚焦于语言形式的分析和操练）。在任务型语言教学中，教师是任务的选择者和决策者，要根据学生的需要、兴趣及语言水平设计、选择任务并决定任务顺序。在引导学生进行完成任务的活动时，教师还扮演着多重角色，如参与者、组织者、协调者、评价者等。在学习语言的过程中，教师还承担着培养学习者的语言意识的责任。学生是小组活动的参与者、监控者、探究者和发明者。在完成任务的过程中，学生会观察自己和同伴的表现，监控自己和他们使用语言和学习策略的情况，并尝试用最好的办法去解决问题。

　　任务型教学法自诞生以来，已经被广泛地运用于全世界的语言课堂中，"任务"已经成为许多教学流派语言教学主流技巧的一部分。然而，关于任务型教学法是否比其他教学方法更有效，尚缺乏有力的证据。在实际教学过程中，以"任务"为基本单位组织教学，也还存在一些问题，如任务选择、任务排序、任务评价等仍须进一步探讨。一般而言，任务型教学法在亚洲语境下的实施存在一定的困难，因为它与亚洲的文化语境、语言教学的传统观念及语言教学条件的限制等存在一定的冲突，他们建议在实施该教学法时应结合亚洲的社会文化进行折中化和本土化，并致力于构建课堂内外自然与真实的语言实践环境。

　　综观外语教学史，人们起初致力于找寻一种最佳的方法，于是出现了流派繁多、异彩纷呈的局面。至20世纪七八十年代以来，交际语言教学成为普遍接受的一种理念，在教学方法的探讨方面不再追求独树一帜和独特效果，而是采取了折中主义的态度，并且逐渐出现了"再谈方法已显过时"的趋势。人们已经进入了"后方法时代"，英语教学成功与否的关键不在于采用或设计何种方法，而是如何适应不同的需求以产出最满意的学习效果。通过后方法时代的"宏观策略框架"，可以在宏观上确定大体方向，留给教师更大的创造空间，设计出符合特定社会文化情境、特定学习者群体的微观课堂，这些宏观策略包括以下方面：①使学习机会最大化；②促进协商交流；③使感知误解最小化（指教师意图和学生领会之间的差距）；④采用直觉启发式教学；⑤培养语言意识；⑥将语言输入语境化；⑦培养综合语言技能；⑧倡导自主学习；⑨增强文化意识；⑩确保社会相关性。

　　每一种新的外语教学法都是在试图克服已有教学法缺陷的探索中出现的，极大地丰富了人们的视野。每一种外语教学方法都在外语教学史上发挥过积极的作用，各种流派长期并存并不断自我完善。然而，各种外语教学法都有各自的优势和不足，各有独特的适用范围。万能的教学法是不存在的。因此，人们要辩证地对待外语教学法问题，在教学中根据不同的教学目的、教学对象、教师水平和教学条件选择合适的教学方法。

四、听说法与情景教学法

(一) 听说教学法

"听说能力是语言交际能力的重要方面,在大学英语学习中处于基础地位。听说技能是获取信息、吸取语言营养的重要手段。"① 20 世纪 40 年代,美国结构主义语言学家一方面研究本国人学习外语的问题;另一方面又研究外国人学习英语的问题。教学法专家在总结 20 世纪 40 年代以来美国的外语教学时,总结出了各种教学法名称。听说法或口语法是一种旨在掌握口语的教学法体系,采用听说法进行教学,要求从大纲、教材的编写到教学方法、技巧的运用都必须遵循听说法的原理和原则,换言之,要根据这种教学法的途径、路子和理论来指导外语教学的全过程。

1. 听说教学法的背景

听说法是以口语为中心、以句型或结构为纲要,重视语音语调,强调模仿,着重培养听说能力的外语教学法体系,也被称为"口语法""结构法/句型法"。听说法产生于美国,主要代表人物有布龙菲尔德、弗里斯、拉多和特瓦德尔。1941 年,美国亟须派遣外语人才承担翻译等工作。1942 年,美国启动委托各高校参与研究如何在短时间内培养出掌握口语的外语人才。为适应相关人才对于听说技能的要求,培训项目采用短期强化集中教学,由所教外语的本族语者和受过良好语言学训练的高级教师共同执教,以模仿、复述的方式带领学生进行句型操练和会话练习。

听说法的语言学基础是结构主义语言学,也称作描写语言学。美国当时一些著名的语言学家,最初是研究印第安人文化的人类学家。要研究印第安人文化,先必须了解他们的语言。在对印第安语的记录和研究的过程中,美国结构主义语言学形成了自身的不同于欧洲语言学研究范式的描写传统。结构主义语言学强调口语的第一性,把语言看作一个由各种小的语言单位根据语法规则组合起来的结构系统,他们把千变万化的言语分析归纳出有限的句型结构,认为扩展、替换和掌握有限的句型结构就能掌握运用外语的能力。

听说法的心理学基础是行为主义心理学。20 世纪 20 年代,行为主义心理学的创始人华生主张采用客观方法(观察法、条件反射法、口头报告法、测验法),通过可观察到的外显的行为来研究人和动物的心理。华生行为主义又称为"刺激—反应心理学"(S-R),

---

① 西晶,西颖. 大学英语听说法在教学中的实践研究 [J]. 才智,2014 (27):86.

斯金纳把它发展成为新行为主义——"刺激—反应—强化"（S-R-R）。

人的言语行为像大多数其他行为一样，是一种操作性行为，可以通过各种强化手段获得。其中，"强化"是语言学习得以不断持续的关键，语言学习在"强化"的作用下形成一个循环往复的"刺激—反应链"。

结构主义语言学和行为主义心理学都深受实证主义、经验主义和机械主义的影响，共同的哲学基础使得它们一拍即合，紧密携手，成为"听说法"的坚实理论基础。布龙菲尔德受行为主义心理学的影响，把语言看作刺激—反应的过程，这个过程可以用公式表示，具体如下：

$$S \to r \cdots\cdots s \to R \qquad (3-1)$$

公式（3-1）中的大写 S 指外部实际刺激，小写 r 指语言的代替性反应，小写 s 指语言的代替性刺激，大写 R 指外部的实际反应。

2. 听说教学法的原则

根据结构主义语言学和行为主义心理学的理论可把结构主义语言学家提出的听说法基本教学原则归纳为下列五方面：

（1）听说领先的原则：口语在语言交际中具有至关重要的地位，因此，应将口语放在学习的首要位置。学习者的口语能力应作为主要目标，而读写能力则是辅助性的。通过注重听说训练，可以有效培养学生的口语表达能力。在语言学习的早期阶段，学生应该多听多说，通过与他人进行口语交流来提升口语能力。听力训练可以帮助学生熟悉语言的自然流畅表达方式，培养他们对语音、语调和语速的敏感度。口语训练则可以让学生从被动的听力状态转变为主动的表达者，帮助他们克服口语上的障碍，并提高语言的流利度和准确性。

（2）反复实践的原则：语言习得需要经过大量的实践练习。学生应该将更多的时间花在模仿、记忆、重复和交谈等实际操作上，而不仅仅是被动地接受语言知识的讲解。通过实践活动，学生可以更好地掌握语言的应用技巧和语感。模仿是学习语言的一种重要方法，通过模仿他人的口语表达方式，学生可以逐渐掌握正确的语音、语调和语法结构。记忆和重复训练可以帮助学生巩固所学的语言知识和表达方式。而与他人的交谈则是实践语言的最佳方式之一，它可以帮助学生在真实的交际环境中运用所学的语言知识，并提高他们的沟通能力。

（3）以句型为中心的原则：句型是语言教学的基础，学生通过反复操练句型来掌握外语。教学应该突出句型操练，使学生能够自动化地运用这些句型。句型是语言表达的基本单位，掌握了句型就能更好地组织语言，表达清晰准确。在教学中，教师可以选择一些常用的句型，引导学生进行反复的操练和运用。通过不断地练习，学生可以逐渐掌握这些句型的用法，并在实际交流中灵活运用。

（4）排斥或限制母语的原则：在外语教学中，应尽量避免过度使用母语和翻译手段，培养学生直接用外语进行思维和交流的能力。过度依赖母语和翻译会阻碍学生的外语习得过程。学生应该在外语环境中尽可能多地使用目标语言进行思考和交流，这样才能更好地适应语言的习得过程，并提高他们的语言流利度。教师在教学中应鼓励学生用外语进行交流，并提供各种适合学生语言水平的情境和材料，以帮助他们积极参与到外语学习中。

（5）对比语言结构，确定教学难点的原则：通过对比母语和所学外语的结构，找出学生在学习过程中遇到的难点，将教学重点放在攻克这些难点上，并提供针对性的教学。母语和目标语言之间存在一定的差异，学生在学习外语时可能会遇到一些结构上的困难。教师可以通过对比母语和目标语言的结构特点，分析学生可能出现的问题，并根据学生的需要进行有针对性的教学。这样可以帮助学生更好地理解和掌握外语的语法、词汇和语用等方面的知识。

总而言之，以上五点原则对于有效的语言教学至关重要。通过重视口语，大量实践，突出句型操练，减少母语使用，并根据语言结构对教学进行调整，可以提高学生的语言交际能力和应用能力。这些原则为学生提供了一个全面发展的语言学习环境，帮助他们更好地习得外语。

3. 听说教学法的优缺点

20世纪30年代末、40年代初，各国交往日益频繁，为适应社会发展的需求，听说法应运而生。由此可见，听说法的产生并非偶然，它是历史的产物。

（1）听说教学法的优点。听说法的历史功绩体现在培养了大批掌握外语口语的人才，满足了当时社会的需要。听说法在教学实践中取得了良好效果。听说法由于效果显著给世界外语教学带来了深刻的变化。20世纪60年代是听说法发展的全盛时期，在世界上享有盛誉，几乎成了外语教学界占支配地位的一种外语教学法。

外语教学法的发展中，听说法在理论和实践方面都扮演着重要角色。在理论方面，听说法将结构主义语言学理论应用于外语教学中，为教学法提供了坚实的语言学基础，推动了外语教学法向前迈进。在实践方面，听说法相较传统教学法，具有显著的改进和优越性。它克服了翻译法重理论轻实践和重读写轻听说的缺点。同时，在教学法方面，听说法的成就主要表现在五个方面：

第一，强调外语教学的实践性，重视听说训练。这一特点可以确保学生们在实践中更好地掌握语言。

第二，听说法建立了一套培养语言习惯的练习体系。通过不断练习，培养学生对语言的熟练程度。

第三，听说法把句型作为外语教学的核心，在学习过程中强调语言结构的重要性，为学生提供更深入的语言认知。

第四，广泛利用对比方法，在对比分析母语与所学外语的基础上找出学习外语的难点，并在教学中有针对性地加以解决，使学生更好地理解语言。

第五，听说法广泛利用现代化教学技术手段，提高了教学效率和学习满意度。

因此，听说法在外语教学中的成功，使其成为现代外语教学法的重要组成部分，对学生的语言学习和认知提高起到了积极的作用。

（2）听说教学法的缺点。随着全球化和信息化的发展，语言的地位越来越重要。然而，对于很多人来说，学习语言是一个相对困难的过程。针对这一问题，一些培训机构提出了"听说法"，即通过听、模仿和说的方式帮助学生学习语言。但是，这种方式也存在一些争议。

第一，听说法强调了机械性操练，而忽视了语言基础知识和活用能力的培养。学生可能能够按照一定的规则模仿老师或课本中的句子，但不一定能够理解其背后的语言规律。这种方法可能导致学生在语言应用方面存在欠缺，无法适应特定情境或实际语言使用的需要。

第二，听说法重视语言结构形式，而轻视语言内容和意义。学生可能只关注语法和句型的正确性，而无法在交际中传达准确、连贯和富有意义的信息。因此，学生可能缺乏实际的语言应用能力，对于实际语言使用中的困难可能会感到无措。

第三，学生可能能够自动化地说出句型，但却不善于在特定情境进行交际活动。例如，在跨文化交际中，不同的语言、文化和习惯可能会影响人们之间的交流和理解。对于那些只通过听说法学习语言的学生来说，他们可能会缺乏有效的交际策略和实践经验。

因此，虽然"听说法"这种方法在一定程度上有助于学生熟悉语言的表达方式，但它也有一些明显的局限性。要想获得更高效和全面的语言学习效果，除了通过听说外，还需要注重语言规律的理解和应用、语言的内容和意义以及交际场景的练习等方面。只有综合运用这些方法，才能够让语言学习更加有效和全面。

（二）情景教学法

要了解何为情景法及情景教学法，需要我们对"情景"进行界定。情景就是人们进行语言交际活动中的所有内部条件和外部条件的总和。换言之，就是使用语言形式进行信息交流的社会环境。语言环境对语言来说是人类交际活动中不能缺少的。要想更好地掌握语言功能，就必须创造真实的交际情景，让学生能够身临其境，同时增强他们的印象和兴趣。创建出一个情景，这种情景不但可以有效地训练学生的思维能力和其他品质的共同发展，同时能为训练学生语言提供必不可少的条件。我们通过重新创造或再现教材的情景来帮助学生理解和使用语言，并在模拟真实或者说更加接近真实的环境中来培养学生的语言运用能力。之所以情景的创设有助于学生对语言的运用，是因为具体的语言都必须在一定情景下使用。

1. 情景教学法的背景

自20世纪90年代开始，世界外语教学步入后教育时代，情景教学法作为一项优秀成果广为人知。虽然目前这种教学方法在我国还没有单独成为一种系统的教学方法，但在情景中掌握语言知识，达到理解和表达，继而培养交际能力，已经成为外语教学中使用相当广泛的一种教学模式。情景在交际语言学中显得更占有优势，体现了现今所提出的新课程理念。

近年来，虽然我国外语教学的质量在不断提高，方法也在不断改进，但成果仍然不能令人满意，其中最重要的原因之一就是教学方法老套。即便是英语新教材要求以学生为中心，重点着眼于操练。但是多年以来，英语教师一直以自己为中心，实行语法为纲、翻译为方法的教学模式，形成了一言堂的教学习惯，这使如何实施创新教学，创造活力课堂成为一个新的话题。根据情景教学的理论，语言学习中最重要的是提供真实自然的语言环境，使学生自然"习得"语言。语言环境对语言来说是全人类的交际活动中不可或缺的。所以，大学英语的课堂教学应该主动应用这种教学方法以激发学生学习英语的兴趣，消除他们由于缺乏语言环境而产生的对英语的恐惧情绪，从而发挥他们学习的主动性。

在情景教学法中，教师充分运用直观教具、实际生活、肢体语言、英语录音材料、多媒体等进行情景创设，寓教于乐，让学生在教师创建的真实情景中充分享受学习英语的过程，从而提高教学效果。在教学过程中，教师有目的地引入和创设一些以形象为主体的具体场景，并带入一定的情感色彩，带给学生一定的态度体验，帮助学生理解以及运用知识和技能，发展学生的心理机能。可见，巧用情境教学法不失为一条在英语教学中激发学生的学习兴趣的锦囊妙计。情景教学方法为了达到教学目的，通常利用在课堂上设置的一些真实性和准真实性的情景来帮助学生学习和使用知识，为语言功能提供充足的实例，并使所教语言知识活泼化，这种情景的生动性与形象性，不仅能够帮助学生将知识融于生动的情景中，更有助于学生理解所学内容，触景生情，激活思维，改变以往英语教学枯燥无味的局面，提高学生的学习兴趣和教学质量。

2. 情景教学法的原则

（1）情景导向的语言教学方法是一种注重将语言置于情景之中的教学法，其主要培养学生的听说能力，并通过视听手段来建立情景与外语之间的直接联系。这种教学方法非常适合初学者，由于学生的语言基础薄弱，很难理解并掌握书面语言的要素，因此，将学生置于生活情境中，有效地激发了其学习外语的兴趣和积极性。同时，情景教学方法多用视听手段，致力于建立情景与外语之间的直接联系，使学生更容易地理解和运用所学语言。

（2）整体教学法是外语教学的另一种方法，它将语言材料当作整体进行，将学生放在真实场景中，让学生透过整体情境理解并掌握语言，并通过从对话到句子再到单词和单音的训练顺序，培养学生的听说能力。这种教学方法非常适合初学者，它注重先全面而后细节，通过情景来理解语言材料并进行复杂的任务。

（3）日常生活情景对话是情景教学的核心，通过口语的操练，学生可以掌握常用的生活用语，进而掌握正确的语音、语调和口语表达。这种教学方法的重点在于需要教师充分挖掘学生生活中的内容和情境，并将这些内容通过口语操练的形式进行教学，以帮助学生更好地理解和掌握所学的语言知识。

（4）视听法是情景导向教学的一种表现形式，其重点在于视听结合，运用各种手段创造出与所学内容相符的情景画面，让学生进行身临其境的学习，避免使用母语和书面语。这种教学方法致力于运用视听手段和情景，理解和掌握外语知识，同时通过头脑风暴、模仿、练习和现实情景应用等方式，帮助学生进行有效的语言交流和表达。

（5）视听法的教学过程包括四个步骤，即感知、理解、练习和活用。该过程侧重于学生对语言输入的理解和掌握，反复模仿和练习，并将所学语言应用到实际情境中进行交流和表达。该过程充满了思维挑战，需要学生动脑思考、发现问题和创造解决问题的方法，从而以多元化的认知方式全面提高语言能力。

（6）应用情景教学法需要教师进行大量的准备工作，包括准备丰富的教具、精心设计和安排教学内容，以确保学生能够获得真实且有意义的语言输入并能在情景中进行有效的语言交流。为了实现情景教学法，任课教师需要在选定情景后，编写教案，注重文本的选取和整理，通过设计连续、有效并且有意义的课堂活动来实现教学目标。同时，教师还应探寻各种情境，从语言活动中获得最佳的教育价值，创造出更真实和富有情感的学习体验。

3. 情景教学法的优缺点

情景教学法是优缺点并存的一种在听说法的基础上发展起来的教外语的方法。在听说法的理论基础上，情景教学法创设了具有自己特色的教学法。

（1）情景教学法的优点

第一，视听手段有利于学生对外语的理解。在英语课堂教学中，因为受时空条件限制，模拟表演创设的情境往往无法像想象中那么完美，那么在这种情况下就可运用录音、录像、投影幻灯等电化教学手段来移植情境，形象生动地将有关情景再现，做到声像结合、图文并茂，满足学生好奇、求趣、求新的年龄特点。

第二，有利于营造良好的语言环境。学生的注意力是重中之重。为了最大限度地避免分散学生的注意力，教师应该多采取受学生欢迎的教学方法，努力把课教得形象生动。

第三，有利于学生获得感性材料。情景教学法的基本要求是要充分调动学生各种感官去感知学习的对象，要使学生能看到、听到，甚至摸到他们。作为一门外语而被学习的英语，更需要学生利用身体的感官全方位地感知它。

第四，有利于培养学生运用英语的思维能力和口语能力。人的情感是在一定的情景和环境下才会产生的。因此，当教师创造一个特定的能使学生产生共鸣的学习环境时，学生才能学习特定的语言。

第五，有利于调动学生的非智力因素。任何教学方法，都是想要调动学生的积极性和主动性。因为兴趣、注意力、心理因素等非智力因素是语言学习者在学习语言的过程中不可缺少的补充，它们起着非常重要的作用。对学习语言来说，环境、兴趣、亲情等非智力因素不可或缺。

第六，有利于培养学生自主学习的能力。培养学生自主学习是以"学生为中心"的教学要求，在模拟的或实际的交际场合中，学生作为练习的主体，从而使想象力和创造性思维有了发挥的自由空间，他们运用英语自由表达自己的见解，抒发自己的情感，而教师只是起从旁指导"解惑"的作用。因此，教师应充分理解"自主学习"的含义，给学生创造一个良好的英语环境，培养学生的观察记忆，发散思维，发挥想象和创新精神，激发学生对英语的热情和兴趣，使学生每天看英语、说英语，为他们自主学习英语打下良好的基础。

第七，有利于课外活动形式的多样化。仅仅依靠课堂上学习英语是远远不够的，所以，要根据不同班级、层次或者不同水平、爱好的学生，展开形式多样的课外活动。分班或者在同年级甚至全校范围内去组织英语游戏、朗诵会、讲演比赛，也可以开演唱会，进行作文比赛、听力比赛等。其目的是培养学生学英语的兴趣，活跃学生课外生活，课内外结合巩固所学的知识，创造英语的气氛，让课内课外相得益彰。

（2）情景教学法的缺点。情景教学法自身存在一定的缺点，主要体现在以下三个方面：

第一，情景教学法强调的是整体结构感知和综合训练，因此，在学生理解和运用外语时忽视了对语言知识的讲解和分析。

第二，情景教学法排斥母语，过于强调视觉直观的作用，忽略了母语的中介作用。

第三，对于交际能力培养不足，过于重视语言形式。因为设计情景通常是虚构的，以这种情景为线索来选择和安排语言材料并不能完全地满足学生在现实言语交际的实际需要。

实践证明，创设有效的教学情景，对激发学生的学习兴趣，培养英语表达能力都有显著效果，而且英语课堂教学效率也有显著提高。英语教学是语言教学，而语言需要有情感交流作支撑，交流则需要在一定的情景中。在英语教学中，教师要让学生愉快地融合于英语环境，创建一种开放、和谐、积极互动的语言活动氛围，努力产生浸润性的效果，让学生在不知不觉中吸取和操练，不断提高英语口语能力，增强语感和整体水平。

五、全身反应法与自觉实践教学法

(一) 全身反应法

"全身反应法（TPR）是 20 世纪共起的一种教学方法，它以肢体语言和学生参与为主要特点，降低了课堂焦虑，深受学生喜爱。TPR 是结合了心理学的记忆痕迹论，采用了右脑学习策略，并体现了人本主义情感在学习中的重要作用。"[①]

TPR 顾名思义是通过全身动作反应学习语言的一种方法，即通过全部身体动作与所学语言相联系教学第二语言。其早期教学的主要对象是美国移民子女。TPR 主要根据大脑两半球侧化理论组织语言教学。认为右脑主管形象思维，左脑主司逻辑思维，并强调左、右半脑互动、协调发展。语言教学需在形象思维的基础上进行逻辑思维活动，并在特定的情景中进行第二语言教学。

根据人们习得母语过程的规律：人们习得母语有一个长期听力理解的过程，然后才有说的发展。因此，学习第二语言首先也需要一个学习听力的过程，然后在听的基础上逐步发展说的能力，最后才发展读和写的能力。正由于 TPR 强调运用祈使句语言配合动作使学习动起来，所以 TPR 也被称作"语言动起来"教学法；又由于 TPR 提倡听力理解领先于说的发展，所以它属于领悟、理解教学法范畴。

---

① 张薇. 全身反应法在大学英语教学的应用 [J]. 中国科教创新导刊，2011 (19)：84.

1. 全身反应法的理论

全身反应法主要以心理学和语言学，其中尤以发展心理学、大脑两半球侧化和人本主义心理学的理论为其理论基础。

（1）与全身反应法相关的心理学理论

第一，言语发展心理学。从发展心理学的角度出发，人们习得第一语言（母语）和学习或习得第二语言的过程是平行前进的。因此，人们学习或习得第二语言的过程须反映习得第一语言（母语）的过程。既然成年人学习或习得第二语言与儿童自然习得母语的过程基本相同，那么依据自然习得第一语言（母语）的过程，至少可得出以下结论：

一是，学习过程存在一个先习得听力的阶段。习得第一语言（母语）的过程中，在习得说话能力之前，存在一个先习得听力的阶段。人们习得母语伊始先听到大量父母和周围的人所说的口语，并被要求用动作做出理解的反应，而不需、也不可能对听懂的口语做出模仿发音的反应。习得母语是在大量听懂、领会、理解语言的基础上，在大脑中就会形成关于口语的内在蓝图，这种内在口语的蓝图是随后习得说话能力的坚实基础。因此，学习第二语言须从听有意义的话语开始。

二是，要求对听到的话语做出反应。例如，父母、周围人员对儿童说话，有时须反反复复说上数十遍，要求儿童听懂、领会、理解他们所说的话语，并渴求儿童做出理解的反应。因此，儿童先获得听的理解能力是由于长期听父母和周围人们反复说话，并要求他们听到口语后产生行为反应的结果。

三是，具有听的理解能力，说话能力会自然产生。人们通过长期听力训练，逐步听懂、领会、理解人们所说的言语，并做出恰当的行为反应。学习外语的学生一旦有了一定的听力理解能力，建立了一定的听力基础，说话能力就会水到渠成，自然形成。因此，听是说、读、写能力的基础，说、读、写的能力只有在听的基础上才能获得发展，在未能把握听力之前不应急于说话表达。

第二，大脑左、右两半球侧化理论。大脑左、右两半球侧化理论认为，左脑半球主管语言、数学计算等逻辑思维，而右脑半球则主司动作、音乐、图像等形象思维。传统的外语教学观点认为，英语学习大多用的是大脑左半球的功能，因为外语词语直接与逻辑思维的左半脑联系，而 TPR 则先直接与动作、图像、音乐形象思维的右脑半球联系，然后通过形象思维再与语言理解逻辑思维相连接。

成人学习或习得语言的过程首先通过右半脑动作活动与语言相联系。右半脑动作先开始活动，左半脑才同时开始观察和学习。一旦右半脑有足量的学习动作产生，左半脑语言活动就被激活。

第三，减轻心理压力。人本主义心理学对TPR起了重要的推动作用，它对人的心理情感意志、需要层级、价值取向、潜能和创造才能等方面的独到理念，直接影响到当时蓬勃发展的TPR的外语教育教学改革。人本主义心理学关于降低学生学习心理压力的观点，有利于掌握语言内容、转变价值观。降低压力不仅有利于掌握所学语言知识与内容，而且也能促进人的价值取向、基本信念和态度的转变。例如，把外部压力、讥讽、羞辱等看作是对学生个人的精神威胁，学生就会对其采取防御措施或加以拒绝；而当外部威胁、压力降到最低，并处在相互信任的情境之中时，学生就能比较容易集中注意、辨别、理解、吸收、记忆和运用所学语言知识和内容。

全身反应法依据人本主义心理学关于降低学生学习心理压力的观点，提倡师生通过轻松愉快、生动活泼的全身反应动作与语言相结合学习外语，不仅能降低学习者学习语言的心理压力，而且还能营造轻松愉快的学习情境，有助于学生更有效地发展运用外语进行理解和表达交流思想情感的能力。

（2）与全身反应法相关的语言理论

第一，听力基础上发展口语能力，口语能力基础上发展书面语能力。无论是人的种族，抑或是个体首先习得的都是口语听力，继而发展听说口语能力，然后在口语能力的基础上习得书面语能力。口语是第一性的，书面语是第二性的，而听力的习得又先于说话能力的发展。

第二，祈使句型是教学的核心。祈使句是语言句型或语法结构之一，而祈使句型是TPR外语教学的核心，而动词又是祈使句的核心要素。全身反应法认为，外语教学须围绕祈使句型及其动词作为核心进行教学。很多目标语的语法结构和成千上万的词汇项目，只需要在教师的指导下熟练地使用祈使句，是可以学会的。

第三，习得认知语言图式和语言语法结构。语言由抽象和非抽象两部分组成。而语言非抽象部分大多数是以具体名词和祈使句的动词呈现的。学生不使用语言的抽象部分，就能习得一份详细的"认知图式"和习得一种"语言的语法结构"，这样论述语言认知图式的，语言的抽象部分可等待学生已掌握目标语的认知图式之后再学。人们照搬语言语法结构学习抽象语言是没有必要的。一旦学生将语法内在化之后，抽象语言就可被引入和被解释于目标语之中。

第四，语言整体内化。语言作为一种句型结构，如祈使句型结构，是一个被学习者整体吸收和整体内化的过程。全身反应法认为，大部分句型是作为整体被内化的，而不是单个词汇项目内化。因此，在语言学习和交际运用时，句型作为预制板能起主导作用。

2. 全身反应法的原则

（1）师生关系的原则。TPR 的师生关系观认为，教师起直接和积极的作用，而学生则是聆听者和说话者。教师依据选择教材的内容，或以祈使句为核心框架设计教学。教学伊始，教师用外语发出指令，提供给学生最佳听言语的机会，让学生个人或集体根据教师指令做出全身动作反应，并逐步内化所学语言内容和规则，逐步形成认知图式，学生只是一个听众或在导演指导下的一位演员，无权决定学习内容。当然，全身反应法也要求：教师在写教案时，需要写出全部所教内容的正确意思，这是教师的聪明之举，尤其是在写新要求内容时，必须写得正确。这是备课优良、组织好课以达课堂教学流畅、有序和预期目标的必要前提。

另外，教师的作用不是教给学生内容，而是提供给学生更多次的实践机会。教师需呈现最佳指导性的目标语言，以便学生能以最佳的目标语言内化语言结构。因此，教师是语言输入的掌控者，而学生则是输入语言的接受和吸收者；教师提供新语言材料的认知图式，而学生则动脑进行加工处理，形成语言认知图式。诚然，教师也期望学生相互之间发挥创造性运用语言的能力。

（2）听力发展先于说话能力的原则。听力发展先于说话能力，听力领先是 TPR 极为重要的原则。教学伊始，首先培养学生的听力理解能力；其次在听力的基础上发展学生说话表达能力。只有充分建立在听力理解的基础上，说话能力才能自然产生。如若听和说两种技能同时训练，由于缺少听力理解的基础，学生不仅对说话难以做好能力和心理上的准备，而且又常因说不出或容易说错而造成学习负担，增加心理压力，影响语言学习。

（3）通过动作发展对指令的理解能力的原则。通过动作发展对指令的理解能力是英语教学的关键。依据大脑两半球侧化理论，语言听力理解逻辑思维与动作形象思维相结合能加速理解和发展听的能力。听指令的理解能力与全身动作相联系不仅易于理解，而且也便于记忆。听指令是语言交际的基本能力之一。全身反应法认为，语言的大多词汇项目和基础语法结构都可通过指令配合动作进行教学。因此，通过全身动作发展听指令的理解能力是语言教学的关键。如无全身动作的配合，一个新词语或一个祈使句型即使多次重复操练，对学生来说也仍然是一串噪音，难以理解。

（4）听力内化语言结构，说话自然发生的原则。学生学习语言先需要建立听力理解能力。吸收有了听力内化语言结构的基础，说话能力就会自然产生。学习语言伊始，先发展听力理解能力，不可强迫学生提早说话。只有听力领先，学生一旦听力理解足量所学词语和语言结构，就能将词语和语言结构内化成认知结构，说话能力就会水到渠成，自然产生。如若强行给学生施加压力，强迫学生提早说话，就会引起学生的紧张情绪，干扰、抑制大脑思维活动，事与愿违。

（5）教学强调语言意义，而非语言形式的原则。任何语言都有意义和形式两个方面。尽管语言的意义与形式是一个硬币的正反两面，相互不可分割。但在处理语言意义和形式之间的关系时，存在着两种截然相反的理念。一种是以语言形式为主，语言意义为辅，如语法翻译法就是以语法为纲或以语言学习为主；而TPR则强调语言意义，而非语言形式，旨在发展学生的听说能力和交际能力，而语言形式为发展交际能力服务。

3. 全身反应法的优缺点

（1）全身反应法的优点

第一，强调在理解语言基础上表达。TPR强调在理解语言基础上发展表达能力。它首先通过动作配合语言吸引学生参加活动，集中学生的注意力，并在身临其境的实际情景中体验和理解语言，将教学重点放在学生理解语言上。一旦学生建立了理解语言意义的基础，表达能力就会水到渠成，自然产生。

第二，语言与全身动作相联系。语言与动作相结合，不仅能激励学生参与语言学习活动，而且也能充分调动学生学习的积极主动性，还能加速理解、记忆和运用所学语言材料。

第三，协调大脑左、右半球逻辑思维和形象思维活动。协调大脑左、右半球逻辑思维和形象思维活动能有效提升学生的学习效率。一方面，学生右半脑主管形象思维活动能促进他左半脑逻辑思维语言学习的效果，因为学生左半脑理解、吸收语言内容主要是通过右脑动作表述其义完成的；另一方面，左半脑的逻辑思维活动也能进一步推动右半脑形象思维的发展。

第四，以句为单位整体教学。TPR提倡以句子为语言教学单位和句单位整体教学，整句学、整句记、整句用。它既重视语言形式，更重视语言内容和意义。这有利于发展学生语言交际能力。

第五，降低学生心理压力。TPR采用多种措施降低学生心理压力。诸如，不强迫学生提前说话，容忍学生犯语言错误，允许学生相互纠正错误和鼓励学生参与力所能及的言语活动等。

第六，创设语言教学情景。TPR利用大量实物、特定情景图片、挂图、小纸条等教具创设语言教学情景。

（2）全身反应法的缺点

第一，全身反应法只适用于语言教学的初级阶段。TPR只适用于语言教学的初级阶段。所选语言材料及其所配动作都较简易，难以教学较深的语言材料。

第二，全身反应法忽视读写能力的发展。长期缺少或缺失读与写的训练配合，不仅听与说的能力难以单独推进，自身发展也会受到影响，而且一定程度上也忽视读、写能力的有效发展。因为听、说、读、写能力是相互联系、相互促进的。

第三，全身反应法对于较深层次、抽象的词语和句子难以教学。较深层次、抽象的词语和句子极难凭借 TPR 达到理解、记忆和运用语言的目标。

第四，全身反应法身体活动过度，难以组织管理。TPR 采用大量的全身动作、游戏活动、角色表演、小组竞赛等，过量活动会引发学生过度活动，致使语言教学失控，难以组织管理，影响预期效果的获得。

（二）自觉实践法

自觉实践法是苏联外语教学界 20 世纪 60 年代以后广泛采用的一种教学法，它有时也被称为自觉积极法。

1. 自觉实践法的理论

（1）与自觉实践法相关的心理学理论

第一，别利亚耶夫的外语教学心理学说。自觉实践法在草创阶段，以别利亚耶夫的外语教学心理学为其心理学根据和理论基础。别利亚耶夫的代表作为《外语教学心理学纲要》，以下简称《纲要》，此书被苏联教育部列为外语师范院系的教材。1965 年，别利亚耶夫又写了一篇题为《论外语教学的基本方法和各种教学法》的论文，作者在此文第八部分提出了掌握外语的心理规律，并在第九部分做出教学法结论（或教学法原理）。这实际上是他的外语教学心理观的一个纲领，也是《纲要》一书的梗概和早期自觉实践法的基本理论。

第二，言语活动论。在自觉实践法的成长阶段，以列昂季耶夫为代表的苏联心理学家创建了言语活动论，这一学说的问世，就从另一个角度为自觉实践法提供了新的言语心理学和心理语言学的根据，把自觉实践法推进到了一个新的发展时期。

一是，活动是心理学的基本范畴。如果美国的结构法是以行为主义为其心理学理论基础，那么自觉实践法的心理学基础便是苏联的言语活动理论，其中包括以格利佩林为代表的智力阶段形成论或有控制掌握论。

二是，培养用英语表情达意的能力。外语思维的提法之所以欠确切，是因为思维具有全人类性，讲各种语言的人都按共同和相同的规律思维。用母语思维和用外语思维，就"思维"本身而言，两者是相同的（正因为如此，通过翻译人们便可达到充分的相互理解），所不同的只不过是这同一的思维内容用两种不同的代码表达罢了。"教会学生用外语思维"的提法应代之以"教会学生用外语语言手段表达思想"的提法。

三是,言语活动有四种不同的类别(听、说、读、写)和两种不同的形式:口语和书面语。如人们需要运用其中的任何一种类型和形式,都须发展成为相应的能力。而这听说读写能力之间的关系是互相促进的。此外,这些能力在外语教学中的每一种能力还都需教学专门操练加以培养。

四是,操作构成行动,行动组成活动。言语活动也像人的其他活动一样,是一种"行动的体系",换言之,活动由一系列"行动"构成或行动是活动的结构单位。如果再把每一个"行动"加以解剖、分析,则行动又由一系列"操作"构成。

五是,言语活动的自觉性原则和分阶段形成论。人的言语活动是有目的、有动机和自觉的实践活动。即使在构成这一言语活动的每一具体言语行动以及构成每一言语行动的个别具体言语操作时,也都是自觉的实践活动,是受到意识控制的。因此,在英语教学中培养学生进行言语活动时,应使学生明确知道,每次进行言语活动应达到怎样的目标,而为达到目标,又须分哪几个步骤(言语行动),每个分步骤(言语行动)又需要怎样更具体的目标,而为完成每个步骤(言语行动),又须采取哪些更具体、更细的"分步骤"(言语操作),每个分步骤(言语操作)则又须达到怎样的预期目的。简言之,从言语活动至言语行动,直至每一个具体言语操作,都须明确目标,步骤和分步骤清晰,并使学生做到事先心中有数。只有这样,才能引导学生有目标、有步骤地达标,最终实现总的大目标,这样有目标、有意识的活动,效果远比目标模糊、盲目活动的效果为佳。由此,英语教学中的自觉性原则便成了一条极为重要的原则。

六是,言语活动程序化。从言语活动自觉性原则和分阶段形成论出发,英语教学过程设计应尽量程序化:具有明确目标、受意识控制的言语活动。言语活动的言语行动和言语操作活动一个紧接一个,逻辑相连,以期花费最少的时间达到最佳的效果,而学生对此也须事先心中有数。

七是,言语活动程序化只适用于语言知识教学和形成熟巧阶段。不过,教学过程的程序化,必然伴随着教学过程的算法化和刻板化,而这又与言语活动是一个创造性过程的基本原理背道而驰。因此,正确设计程序化的特定适用范围就显得极为重要,不能因贯彻自觉性原则而无限地推广程序化的使用范围。其特定范围主要适用于语言知识三要素:语音、语法、词汇的教学和操练形成熟巧的阶段。

(2)与自觉实践法相关的语言学理论。苏联语言学家谢尔巴院士曾提出了区分语言、言语、言语活动的学说,这一学说被广泛应用于外语教学,分为语言教学、言语教学以及言语活动教学三个方面。

第一，语言教学主要是针对语言体系的学习，包括语音、语法和词汇等方面。学生需要通过大量的练习来掌握所学语言的基本规则和结构，以达到熟练使用的程度。这一阶段的教学注重基础知识的掌握和语言技能的培养，起到打好语言学习基础的作用。

第二，言语教学则是教授学生如何运用所学语言进行思考和表达，并使用形式化的方法将思维和思想转化为言语。通过言语教学，学生可以逐渐理解语言的应用场景，不仅准确表达自己的想法，还可以更好地理解和应对他人的观点和思想。通过言语教学，学生可以逐渐提高自己的思维能力，为未来的学习和工作打下坚实基础。

第三，言语活动教学则注重实际的言语交际过程，通过各种不同的言语实践，让学生在实际运用中掌握语言，增强语言运用的能力。不同的言语活动形式包括对话、演讲、辩论等，学生可以通过参与这些活动来提高自己的语言能力，并逐渐培养自信和表达的能力。

不同的教学阶段需要采用不同的教学方法和策略。在初级阶段，教学侧重于口语交际能力的培养；而在高级阶段，则着重于读和写等书面语的学习。而这三个方面的教学也需要相互联系，体现语言和言语的统一原理，让学生在掌握语言基础的同时，逐渐掌握更高阶的语言能力，达到更高层次的交际和表达要求。

2. 自觉实践法的原则

（1）实际性的原则。交际性原则是20世纪70年代自觉实践法区别于20世纪60年代前期自觉实践法的主要标志，20世纪60年代，自觉实践法中的"外语教学的言语实践倾向性"被提高为"交际性"。这一原则将言语实践升级为具有交际性的言语实践，并将"交际倾向性"或交际性原则规定为自觉实践法的第一条基本原则和主导原则。

交际性原则有其语言学和心理学依据。语言是一种交际工具，只有在实际交际中才能掌握。外语学习就是掌握一种新的交际工具，其途径也主要是通过外语交际（包括人工设计的带有交际性质的"教学交际"）。

在英语课上，交际性原则要求将注意力放在培养言语熟练度和技能上，同时，还要始终牢记教学的最终目标是获得外语交际本领。在培养言语熟练度和技能的同时，也要力求交际化。

英语教学的最终目标是掌握外语交际能力。不过，每种具体语言知识又有自己具体的目标，例如，有的要求四会，有的要求三会、二会，有的甚至只要求一会。对每一"会"的程度也有不同的具体要求。但所有的这些能力，都属于交际能力。具体的教学目标，取决于许多具体条件。

（2）"功能—情景"题材原则。"功能—情景"原则是前一原则在教材选择和组织方面的自然继续。同时，这在一定程度上也是综合吸取国外"功能—意念"法和结构法两家选择和组织外语教学材料的基本构思。自觉实践法力图将两者有机地统一，自然地结合。

（3）口语领先的原则。口语领先原则虽为相当一部分自觉实践法教学法专家所提倡，但在该派内部远非得到所有人的赞同。其中还有不少主张四会齐头并进的（但在入门和打基础阶段重点仍应放在口语上）。在高校外语教学中，对这一原则持保留态度的更大有人在。

口语领先原则，主要适用于教学的初级阶段和中级阶段前期；中级阶段后期及以后，教学重点转移到培养阅读能力上，并以书本为中心，这条原则也就逐步丧失其意义。

口语领先的精神实质是把掌握口语作为掌握文字材料的基础，把听说能力培养作为读写能力培养的基础，而不在于时间顺序上的先后顺序，或是并进关系。

自觉实践法口语领先的主张与直接法一脉相承，其理论根据也与直接法相同。

（4）直观性的原则。直观性原则是各门课程通用的一般教学论原则。自觉实践法之所以在外语教学中把它作为原则单独提出，说明了对它的重视，同时也说明该派赋予这条原则以新的内容。

除了继承直接法大力倡导、广泛使用各种"语言（外语本身）直观"和"非语言直观"（如实物、图画、动作、表情、手势、语境等）的思想外，自觉实践法还把重点放在充分利用电化、声像技术设备上。例如，唱片、录音、广播、幻灯、录像、教学电影以至一般电影等，旨在促进学生能对外语及其实际使用耳濡目染，从而有利于良好外语习惯的培养，有助于外语言语熟巧和技能、外语思维能力和语感的形成。

学生同时亲眼看到和亲耳听到外语在具体交际场合中具体使用，就能具有亲临其境之感，这不仅能促进学生更深刻领会语言的实际使用，而且在学会使用语言的同时，也学到了用外语交际的本领。通过直观手段学与教外语的效果，要远胜过抽象地、用母语讲解外语语言理论知识。

（5）自觉性的原则。自觉性原则本是自觉对比法的第一条重要教学法原则。自觉实践法对它有所继承，有所修正，并未把它放在主导地位。

自觉对比法所说的自觉，主要是指在理论指导下的实践，亦即外语课上学生一切实践活动都需在对所学语言材料有语言学的理解后才进行。说得更实质性一些，自觉对比法所谓的自觉，是让学生先掌握传统语法规则而后再实践活动，也就是语法理论知识先行，言语实践活动在后。

3. 自觉实践法的优缺点

正像直接法是为矫正古典语法翻译法的弊端而提出改革法一样，自觉实践法也是一种为矫正现代语法翻译法（自觉对比法）的问题：培养学生实际掌握外语能力缺乏成效而提出的新改革法。自觉实践法构思和主张的主体部分，继承了直接法的合理内核：英语教学的实践性和实践言语倾向性以及由此而派生出的一系列教学法主张，但又克服了直接法的极端性和片面性。自觉实践法在改革道路上与直接法不同，它对待自觉对比法采取的是有分析、有分寸、兼收并蓄的态度，不像直接法对古典语法翻译法那样采取全盘否定的态度。自觉实践法从自觉对比法理论体系中批判性地吸取合理因素，如自觉性，并尽可能把它有机地、自然地与交际性相结合，并以后者为主前者为辅，关系上主次分明。

如果自觉实践法理论体系的基本部分属于直接法，这一论断非但有自觉实践法代表人物的前引言论为依据，而且也符合实际情况。如果我们将自觉实践法的代表性教材，与直接法的教材相比较，便可以发现其中的大同小异；而如果与自觉对比法的教材相对比，便会发现异多同少。

自觉实践法在发展过程中，又有意识地吸取国外外语教学法各流派之长和外语教学法科学发展的新成果不断丰富自己，以便在理论上日益完善，自觉实践法在原先以直接法为主，以语法翻译法为辅的教学构思基础上，先后吸收了结构法、情境法、视听法、功能法，乃至程序教学法的精华。因此，自觉实践法具有较少片面性和极端性，相对来说，是比较合理的一种现代教学法体系。其教学法理论与现代理论语言学、应用语言学、心理语言学、言语心理学、社会语言学的发展水平大体上相适应，其科学性经过比较严格的论证，有根有据。

与自觉对比法的学术排外态度不同，自觉实践法教学法专家对国外外语教学法诸流派持兼收并蓄的灵活态度，只要是好的、行之有效的理念和方法，就吸收，并纳入自己的教学法体系之中，成为一个有机组成部分。因此，自觉实践法大体上做到既不排外，又不照搬，并处于不断完善、不断进步中。

多年来，自觉实践法经历了漫长的发展道路，总的趋向是向前、向上的，它不断经受实践的检验，而又在实践检验中不断总结、改善。可见，自觉实践法是一个比较成熟的方法，为苏联外语教学界所比较普遍地接受，这一教学法流派很值得我国外语教学工作者认真研究。研究这一流派的由来、历史、现状、它的理论和实践，实际上也是研究20世纪60年代初期开始的苏联外语教学改革的经验。

第二节　英语教学中的学习法创新

一、英语教学中的合作学习法

（一）合作学习的分类

合作学习是一种有机结合了多个学生共同完成特定任务的学习方式。这种学习方法的结构包括三种类型的合作学习小组。

第一种类型是正式合作学习小组，是教师在课堂上组织的。这些小组，由教师布置任务、干预和评估学生的学习过程。这种学习结构的最终目标是提高学生的学习效率，通过组织和分配任务，学生们能够快速而有效地学习课堂内容。这种学习结构适用于课程知识内容较多的情况。

第二种类型的小组是非正式合作学习小组。这种小组没有由教师明确组织，而是由学生自行组成。学生们在这样的小组中意在确保学生在听课时能积极加工信息。教师的责任是引导学生透彻关注所学材料，并帮助学生进行小结。这种学习方式的目的在于使学生们更好地理解课程内容的含义。

第三种类型的合作小组是基层小组。这些小组完全由学生自主组建，成员关系持久且有着长期的支持和帮助。学生们可以结伴学习，相互支持并一同完成作业等任务。在这样的学习结构中，学生们最终可以提高学习效率和质量。特别是在比较大的班级或者课程规模越来越大的情况下，建立基层学习小组就显得非常重要。

通过这种方式学生可以相互合作、相互学习并共同完成特定任务。在教师的帮助下，这种学习结构可以在短时间内提高学生的学习效率和质量。同时，在学生自行组合时，也可以帮助学生们更好地理解课程内容，并且相互支持、互相学习。因此，在学生们的学习生涯中，建立基层学习小组是一个非常重要的学习机会。

（二）英语合作学习的作用

第一，合作学习有助于促使学生之间互帮互助。合作学习具有交往性、互助性、分享性特点，所以，学生在合作学习中可以通过师生互动、生生互动，互相启发、互相协作、互相鼓励，分享经验与知识，进而解决学生个体的难题，最终完成学习任务。

第二，合作学习有助于培养学生的团体意识。在合作学习活动中，学生很容易将自己归为某一组（团体），并与该组荣辱与共，集体荣誉感极为强烈，团体意识在不知不觉中得以产生和发展。

第三，合作学习有助于调动学生的积极性。通过合作学习，学生会逐渐意识到自身存在的不足。另外，在其他同学的帮助下学生也会更愿意参与教学中的活动。一旦学生参与到合作学习中，学生之间就可以展开更为充分的交流，帮助学生更好地完成学习任务。

第四，合作学习有助于培养学生的创新精神。通过合作学习，学生之间形成"支持性风气"，学生之间的相互信任、合作的程度会有所增加，他们共同完成的作品也就更具创新性和多样性。

总而言之，合作学习对培养学生的合作精神、团队意识和集体观念等均有很大帮助，还能在一定程度上弥补一个教师难以面向有差异的众多学生教学的不足，便于教师因材施教，最终真正实现每个学生的发展目标。

（三）英语合作学习的实施

第一，进行合理分组。大学英语合作学习的实施前提是对学生进行合理分组，具体应做到以下四方面：①教师必须决定小组规模，可根据学习活动的时间、学习材料的多少来决定小组规模；②最好将能力不同的学生分到一组，以保证各个小组的能力水平相当，并且能力不同的学生在一起可以促进学习；③将学习风格不同的学生放到一组，不同学习风格的学生在一起，也有助于学习效果的提升；④组员的选择应由教师来定，而不能自由选择，因为自由选择的小组会较多地做与学习无关的事情。

第二，策划并提出问题。大学英语小组合作的学习内容要有一定的可操作性，教师设置的问题要具有开放性和讨论性。在课前，教师应根据学习任务明确分组原则，对于小组内各成员的任务以及小组完成任务的时间都应该做出明确的规定。教师是学生合作学习的引导者，教师为学生布置具有适当难度的任务，充分调动学生的积极性，为不同的学习小组布置相应的任务，使各小组之间互相学习、共同进步。

第三，小组合作与过程控制。学生开始合作学习的同时，教师需要对整个过程进行监督管理。教师要观察学生的表现，且给予一定的提示，也可以用提问来检查学生的表现。教师在必要时应向学生提供帮助，解答学生的问题，提高学生学习的效率。对于学习中遇到的每个问题，组员应该先深入思考，然后再和其他组员讨论交流，教师应该尽量保证学生做到这一点。

第四，对合作学习效果进行评价。教师在评价各学习小组的成果时，要注重评价整个小组的任务完成情况，而不是小组中某一个成员的成绩。与此同时，教师还要对小组成员参与的积极性、主动性和思维的独创性等各个方面给予恰当的评价，这样既可以在小组内为其他学生树立学习榜样，激发组内成员相互学习的热情，又可以调动成员参与的积极性，打消个别学生的依赖性，最终实现教学目标。

二、英语教学中的自主学习法

近年来，自主学习成了英语教学的研究热点，培养学生的自主学习能力也成了英语教学的重要任务。当前，大学英语自主学习方式可以不受时空的限制，不断提升学生的积极性和主动性，有助于学生终身学习的实现。"自主学习是大学英语教改的重要内容，是传统教学模式的补充和拓展"[①]。

（一）自主学习的特征

第一，独立性特征。独立性是自主学习的基础和前提。这种独立性应该贯穿于整个学习过程的始终，是每个学生内在本质特性的体现。它能够帮助学生建立自己的学习意识，自主地掌握英语学习的方法和技巧，从而更好地完成学习任务。

第二，自律性特征。自律性是学生对自己学习的自我约束性或规范性。这种特征通常表现为自觉地学习，规范、约束自己的学习行为，促使自己持之以恒。自律性是一种主动、积极的学习方式，它能体现学生的清醒责任感。在自主学习中，自律性的表现可以包括自主制订学习计划、养成良好的学习习惯、自我监控和反思等。

第三，开放性特征。开放性特征是指学生由知识的被动接受者变为积极主动的学生，在教师的指导下进行独立的探索，按照自己的方式学习英语，学生学习的能动性逐渐增加，自觉地运用英语知识、技能解决实际问题。这种特征可以促进学生的思维发展和创新能力的提高，使学生具备更好的自主解决问题的能力。

（二）自主学习的影响因素

1. 自主学习的内在影响因素

影响自主学习的内在因素包括智力因素与非智力因素两个方面，具体如下：

（1）智力因素。智力因素是自主学习的前提和基础，这里的智力因素主要指语能，也就是语言智商，语能作为智力的一部分，是个体一种特殊的语言认知能力。语言的认知能

---

① 闫美荣. 大学英语自主学习语境创设 [J]. 现代英语, 2020 (20): 121.

力包含：①语音编码能力，可以使人形成语音与符号之间的相互联系从而辨别不同的语音，同时形成记忆；②语法敏感能力，可以使人辨认词在句子中的具体语法功能；③语言学习归纳能力，可以使人通过例句来归纳语言的运用规则；④语言记忆能力，可以使人在文字与意义之间形成有效联系，同时进行记忆。

（2）非智力因素

第一，学习态度。学习态度指学生对于自己在学习中的责任的认识。在英语学习过程中，如果学生的学习态度不佳，那么就无法开展自主学习，这是因为只有在学生自愿负责自己的学习时，学习效率才会高。

一是，语言本质。从语言本身的结构而言，所有语言都是由其语音、词汇、语法三部分构成。但交际功能是语言的重要属性，如果只把英语学习放在英语语音、词汇和语法的学习上，只看重对语言基础知识本身的学习，忽略了语言的社会功能，语言学习就没有了意义。因此，学习语言不仅要学习语言本身，更要学习对语言的使用，了解语言作为交际手段在社会交往中的作用。

二是，归因。归因指学生对自己学习成败所进行的原因解释。影响学生学习成败的因素主要包含：①学习能力，指学生内在的、不可控制的一种不稳定因素；②努力程度，指学生自身具备的、可控制的一种稳定因素；③任务难度，指外在的、可控制的且具备稳定性；④运气大小，指外在的、难以控制的且具备不稳定性。归因不同，对学生的学习动机所产生的影响大小也不同。通常而言，学生把自己的学业成功归因于外部不可控制的因素，如运气不佳、自身能力不足、任务难度过大，就会影响其学习的自主性；如果学生把自己的学习成功归因于能力，把学习失败归因于努力不够，就更容易激发自主学习。如果学生倾向于把自己的学业成败归因于可以弥补或纠正的原因，这种归因就可以引发学生积极的自我反应，促进学生进行自主学习。

三是，自我效能感。自我效能感是指个体相信自己有能力完成某种或某类任务，是个体的能力和自信心在某些活动中的具体体现。自我效能感通常在以下五方面影响学生的自主学习进程：①对学生学习任务的选择产生影响；②对学生学习目标的设定产生影响；③对学生运用学习策略产生影响；④对学生在学习任务过程中体验紧张、焦虑感时产生影响；⑤对学生为学习任务进行努力和面对困难坚持程度产生影响。

学生在使用元认知策略进行自我学习调节时与自我效能有着密切关系，通过提高自我效能感能增加学生对认知策略的应用，在一定程度上促进其自身的自主学习。

第二，学习动机。学习动机是学生由一种或者对象目标引导、激发和维持学习活动的内在心理过程或内部动力。学习动机与学习成绩关系紧密。动机是影响第二语言学习和外语学习速度和成功的主要因素之一。学习动机分为两种类型：①融入型动机，是学生内在的、更加持久的语言学习动机，具有这种动机的学生喜欢并欣赏所学的语言以及与所学语言相联系的文化，希望自己能够掌握和自由运用该语言，更希望自己能像目标语社会的一个成员，并且能为目标语社会所接受；②工具型动机，指学生将目标语看作一种工具，希望掌握目标语后能给自己带来实惠，这种学习动机具有"无持久性"和"有选择性"的特点。因为学生将外语作为一种获得其他利益的工具，有一定的局限性，在一定程度上影响和束缚着学生，从而很难达到真正意义上的语言学习效果。目前，我国的英语教学中，大部分英语学生的动机为工具型动机，如大部分大学生学习英语的动机是获得四、六级证书。

第三，学习能力。许多学生虽然愿意为自己的英语学习负责，然而由于本身缺乏真正的自主学习能力而无法兑现这种责任，学习能力包括以下八个方面：一是，制定并根据学习情况及时调整学习目标，以使其合理化；二是，诊断学习材料、活动与学习目标是否相符的判断能力；三是，对学习材料、内容的选择能力；四是，对学习活动方式、自我设计学习活动方式以及执行学习活动的选择能力；五是，对学习活动实施情况的监控能力；六是，对学习态度、动机等因素的调整能力；七是，与其他人（教师或学生）进行协商的能力；八是，对学习结果的评估能力。

第四，学习风格。学习风格是指在长期学习过程中逐渐形成的具有鲜明个性的、经常的、稳定的行为，其实质是学生喜欢的或经常使用的学习策略、学习方式或倾向。学生的学习过程以及学习方法往往存在很大差异，每个人都有自己习惯的学习方式。学生对于外部世界信息的感知主要通过视觉、听觉和动觉三种感官来实现。①视觉型的学生习惯用眼睛学习，其对于视觉感知的信息比较敏感，对于以图片等形式展现的东西具有很好的理解能力；②听觉型的学生喜欢用耳朵学习，他们善于通过"听"来接收信息，他们喜欢通过听录音带、听报告、听对话等方式获取信息，课堂上，听觉型学生能轻松地听懂教师的口头讲授；③动觉型的学生喜欢通过实践和直接经验来学习，他们喜欢参与和亲身体验活动，对于那些通过亲身体验来学习的活动具有较大的兴趣。

对教师而言，了解学生的学习风格有助于他们了解学生、激励学生、帮助学生；对学生而言，了解自己的学习风格有助于他们将注意力集中到学习过程中，使他们注意吸取他人的经验，借鉴他人好的学习方法，不断拓宽、改进原有的学习方法，进而不断激发自己的潜能，提高学习质量。

第五，学习策略。学习策略的有效运用是自主学习的有效保证，学习策略分为认知策略和元认知策略。①认知策略是指个体对外部信息的加工的方法，是个体为了提高自己的认知操作水平而采用的各种程序和方法。认知策略分为一般性认知策略和具体性认知策略。一般性认知策略适合任何学科的学习，具体性认知策略适合特定的学习内容，这两种认知策略都是学生自主学习时必须具备的；②元认知策略关系到个体如何选择、应用和监控其所建构的认知策略，主要包括自我指导策略、自我监控策略、自我评价策略等。

2. 自主学习的外在影响因素

自主学习对于学生的成长和发展至关重要，它有助于培养学生的独立思考能力、问题解决能力以及学习动力。然而，自主学习并非仅仅是学生内在的能力，外在因素也对其产生着重要的影响。在这方面，教师和同伴起到了至关重要的作用。

首先，教师方面的因素对于自主学习的发展起着关键性的影响。教师的教学方法和理念对学生的学习过程产生深远的影响。教师应该采用支持性和指导性的教学方法，帮助学生掌握有效的学习方法和策略。他们应该向学生灌输自主学习的理念，鼓励他们主动参与学习过程，并在必要时提供适当的监控和引导。通过策略训练和了解学生的学习情况，教师可以促进学生的自主学习，使其更加有效和有针对性。

其次，同伴方面的因素也对自主学习产生着重要的影响。同伴之间的协商和合作对于自主学习至关重要。同伴的自主学习行为和成绩可以成为学生的榜样和动力，激发他们对自主学习的兴趣和热情。此外，同伴的能力水平也会影响学生对自身自主学习能力的评估。当学生看到身边的同伴能够独立思考和解决问题时，他们也会更有信心去尝试并相信自己能够进行自主学习。

总之，除了学生自身的内在因素外，外在因素如教师和同伴在自主学习中起着重要作用。教师应以支持和指导的方式引导学生，通过采用合适的教学方法和监控学习过程来促进自主学习的发展。同时，同伴的行为和能力水平也对学生的自主学习产生影响，同伴之间的协商和合作能够激发学生的自主学习兴趣并提升他们的学习效果。因此，教师和同伴的积极参与和支持是培养学生自主学习能力的关键要素。

（三）英语自主学习的实施路径

在大学英语教学中，自主学习的实施路径主要包含以下五方面：

1. 转变英语教师的角色

要想培养学生的自主学习能力，教师首先要转变原有的观念，将学生视为学习活动的主体，积极引导学生进行自主学习。下面对传统教学和自主学习中教师角色的不同进行对比，见表3-2。

表 3-2　教师角色转变的对比

传统教学中英语教师的角色	自主学习中英语教师的角色
要求全体学生服从教师的教学计划	介入不同学生的自我学习计划
面对全体学生，预设整体教学目的	帮助学生设置能够达到的个人标准
学习成绩等同于知识的掌握	知识的掌握应通过能力体现
学习的主要方式是知识的记忆	学习是一个知识重构的过程
作为课堂教学的主宰，教就是为了控制学生	作为现代管理者，在教学中给予学生必要的自由
时刻提醒学生遵守课堂纪律	引导学生自主控制自己的行为
讲授是课堂教学活动的主要形式	演示、启发与讲授并举
给予全体学生同类同量的作业	根据学生知识内化的需要布置作业
多数测验、考试使用封闭型试题	测验、考试中设置多项开放性试题
把学生的测验、考试成绩看作学习的最终目的及衡量学习好坏的标准	用发展的眼光看待每个学生的测验和考试成绩，成绩是衡量学习的标准之一

教师先要将学生视为学习的主体，尊重学生的个体差异性，尊重学生的人格，鼓励学生多角度地思考问题，营造一种和谐平等的课堂气氛，使学生主动投入英语知识学习和英语交际中去。

2. 丰富自主学习资源

丰富而多样化的学习资源对学生的自主学习十分有利。具体而言，学校应优化学习资源，配备现代化的多媒体网络平台或建立自主语言学习中心，组织自主性的学习活动，全面开放实验室、自习室、图书馆、实践基地等，尽量满足学生的需求，为学生提供个性化服务，从而使学生在开放氛围中与学生和教师沟通交流，激发学生的学习兴趣，提高学生的自主学习效果。

3. 明确自主学习教学目标

在现代社会中，信息化已经成为了主流趋势。在这样的环境下，要想让学生实现有效的自主学习，教师需要做出明确的教学目标并让学生清晰了解学习的目的。同时，教师也需要树立学生终身学习的理念，引导学生端正学习态度。在信息化时代下，教师需要让学生在开始自主学习之前明确自己的学习目标。为了做到这一点，教师需要采取一些具体的措施。首先是让学生参与学习目标的制定。这样做可以提高教学目标的合理性，增强学生的自主意识和责任感。学生感到自己在教学过程中的重要作用，同时也有助于学生根据教学目标的变化，随时调节自己的学习方法和策略，提高自主学习能力；其次，教师还需要让学生了解每个单元、每节课的具体目标，使学生的学习更具有针对性和指向性。这可以帮助学生更加有效地规划学习时间，明确自己需要掌握的知识和技能，从而提高自主学习的效果。

4. 提高学生自主学习兴趣

兴趣是学习的内在推动力，设计能够激发学生兴趣的学习活动，对于培养学生的自主学习能力十分有利。在大学英语自主学习中，学生是学习活动的主体，是知识的主动构造者，学生的学习兴趣受到重视。为了更好地激发学生自主学习的兴趣，教师需要做到：①进行需求分析。教师先要对学生进行需求分析，根据不同学生的需求帮助他们确定学习目标并制订学习计划，为了更好地适应学生的学习计划，教师还应该根据需要对自己的教学进行调整和改进；②尊重学生的个性差异。由于学生的个体差异性使得他们在学习水平、学习风格、学习方法等方面存在差异，教师要承认并尊重学生的这些差异，让学生自主选择学习内容，培养学生的自主学习能力；③仔细观察学生的反应，在自主学习过程中，教师要仔细观察学生学习目标的建立情况、自主学习的适应性及其在语言方面的进展情况等，了解学生一系列的反应，并根据学生的反应情况及时调整教学计划或提供帮助，及时解决问题。

5. 培养学生自主学习技能

学生进行自主学习是需要一定的技能的，教师在英语教学过程中要注意对学生自主学习技能的训练，要多与学生沟通，了解学生的需求，根据学生各自的特点为学生制定切实可行的学习目标，帮助学生掌握自主学习的技能。在学生的自主学习过程中，教师的主要职责是指导和训练学生对学习策略的掌握和运用。例如，教师可以向学生介绍一些基本的阅读技巧，为学生推荐适当的阅读材料，指导学生坚持写读书笔记，通过这样的方式训练学生在阅读方面的自主学习技能。

三、英语教学中的移动学习法

"移动学习模式是大学英语教学改革的一个新的着眼点。基于克拉申的相关二语习得理论，大学英语移动学习有着坚实的理论基础，也具有一定的优势。"①

（一）移动学习实施的可行性

1. 英语移动学习具备实施环境

（1）现代知识观念转变。现代知识观念的转变经历了知识的本质由绝对真理到生成建

---

① 王晓磊. 大学英语听说自主学习平台的移动学习模式研究与实践［J］. 海外英语（下），2021（4）：164.

构、存在状态由公众知识到个体知识、属性由价值无涉到价值关涉、种类由分层到分类、范围由普适性到情境化、价值由掌握和积累到应用的过程,体现了由旁观者知识观念向参与者知识观转变的过程。

(2)现代学校的进步和发展。在现代学校里,学生是主动的学生,他们想在任何时间、任何地点,通过技术来学习,他们想学习他们感兴趣的东西,他们的学习必须与他们的生活计划的定义和执行联系在一起。具体而言,现代学校主要在以下五方面发生了变化:①学习是与生活紧密相关的,学习是主动的、与语境相关的、模块化的、实践的;②教师不是"教"知识,他们是顾问、向导、教练、导师、学习帮助者,他们通过观察和聆听给予反馈、询问有挑战性的问题,提醒易疏忽的问题引起注意,鼓励好奇心等方式开展教学;③课程并非由学科和年级构成,课程是灵活的且有丰富的"能力矩阵",为了将不同的生活计划转化为现实,学生各自发展不同的能力;④学校将以多种形式存在,将整合家庭与社区,学习不仅限于在学校,学校必须有更广的视角;⑤在教学方法方面,过去是教师知道答案并将答案告诉学生,现在是教师和学生一起,提出问题,解决问题,以问题—探究—项目为基础的学习至关重要,其中,问题—探究—项目教学具体实施的步骤为发现与提出问题,然后进行批判性思维(信息处理),进而解决问题,最后获取知识和结果报告。

2. 学生具备接受移动学习的能力

在大学中,虽然学习环境较为宽松,但是课堂上学习时间依然是有限的,为了更好理解所学知识或扩充知识,需要学生在课余时间能够开展自主学习。移动英语学习合理、有效地应用于大学英语课程的教与学,可以从一定程度上满足大学生已经具备接受移动学习的相关能力。

(1)绩效期望微型学习资源,如小型视频、短篇材料和轻量级博客等,是提高移动学习效率和激发学习动力的有效工具。这些小型资源能够被快速消化,而且没有学习压力,从而能够提高学生的自信和动力。同时,学生对于移动学习的期望和信心也能够影响绩效。靠着这些小的资源,学生可以轻松地了解学科相关内容,帮助他们建立对知识的基本认识。

(2)自我效能感。个体对自己能否完成学习任务的自信程度及对自我学习行为的控制能力的主观判断,是决定他们是否积极参与到移动学习中的关键。研究表明,当学生具备高的自我效能感时,他们能够更好地适应移动学习,更加有动机地参与到学习活动中来。同时,高自我效能感还能增强学生的兴趣和学习成绩。因此,学生需要正确地评估自己的能力,培养自信心,自我管理能力,以便更好地应对移动学习环境的挑战。

(3) 自我学习管理能力。这包括学习计划、学习目标、学习方式和环境的确定，学习进程和时间的安排，学习内容的选择，以及自我总结和反思。学习计划可以帮助学生安排学习内容和时间，把握学习进度和方向。学习目标是明确和规划学科知识的重点、目的和方向，以便更明确地了解和掌握学科知识。学习方式和环境的选择能够更好地适应学生的学习风格，提高学习效率和兴趣。学习进程和时间的安排则能够更好地规划和安排学习，使学习更加高效。学习内容的选择也是成功进行学习的关键，需要选择适当、有价值的内容，以便提高学生的学习兴趣和深入理解。最后，自我总结和反思也能够帮助学生加深对所学知识的理解，弥补不足之处，提高练习和应用的能力。

随着大学体系的日益完善，教师的职责已经从单纯的教授模式向指导型模式转变，从而承担了在自我学习中制订学习计划的任务，切实地实现作为大学教师的指导作用。大学生作为独立的个体，已经具备自我学习的能力并且具有很好的自控能力，因此，他们可以很好地制定学习目标、学习内容以及学习的进程。区别于传统学习，大学生需要在众多的教育资源中获得自己有用的知识，也是需要其具有一定的鉴别能力。随着大学硬件设施的提升，全国很多大学可以为学生提供良好的学习环境和移动学习中所必需的硬件设施，此举措也为移动学习在大学生中普及起到推波助澜的作用。大学生在独立学习中逐渐培养了自我总结和反思的能力，能够使其在自我学习中充分发挥自学能力。

（二）英语移动学习的应用策略

1. 运用社群和网络进行学习

大学英语教学实践从传统的以教师为中心逐渐转向以学生为中心的模式，在朝着一种强调协作和参与的模式发展。教师在以学生为中心的教学模式中充当着教练和设计师的角色，以促进更加个性化的、以社群为中心的学习，让每个学生都成为知识的来源，成为其他学生的帮手。有了移动技术，学生就能成为一名真正的行动者，能够控制学习过程，做出与自己认知状态一致的决定。从社会认知视角而言，学习发生在社会环境中，互动和交际有着与学习内容同等重要的地位。与同龄人之间的协作和信息分享是一种获取和实验新学习的强有力途径，也是电子学习模式的核心组成部分。

一个动态的学习社群，能够在多个方面有效促进学生的学习经验。社群内发生的知识技能分享可创造出以学生为中心的丰富的学习经验，在这样的学习社群中，每个人都是专家，都在借助网络相互分享答案或解释，并且可以将所要解决的问题置于具体环境中或者为其提供举例，这些往往都是在在线社群中开展，因而这些在线社群的地址也就成了构建学习网络的基础，社群成员之间的相互模仿也为学生的学习成功提供了积极的支持。因此，大学英语移动英语学习要充分利用社群和网络。

2. 使学生成为知识构建者

学生在移动学习中应扮演何种角色显然已成为移动学习领域亟待解决的问题。在移动英语学习中，移动学习体系的应用使大学生能够从以下合作形式实施积极的知识构建：①常见的团队内学习参与者，学生无须在统一的时间集合，因为移动学习可以使许多"集合"在非实时的情况下发生；②团队知识构建这一互动互动过程参与者，学生可以留下信息，供其他同学阅读和评论；③积极参与信息的产出和选择，并不是每一个学生都要成为所有话题的行家，反之，他们可以选择自己最感兴趣的话题，向同学们传达自己知道的信息和知识；④在其他学生的观点的基础上构建知识：学生之间的互动让他们知道，不止一种观点是站得住脚的。从以上有关学生在移动学习中应担当的角色中可以看出，学生在移动学习中应该是积极的、互动的知识构建者，而教师在其中的主要角色应该是学习过程的促进者和监控者。

四、英语教学中的反思性学习法

"反思性学习是一种学习方式，即学习者自觉对已有学习活动与之相关的环境、猜想和观念等因素进行不断持续的批判性审视、思考、探究、改进自身的学习方式，对培养大学生英语反思性学习能力进行积极探索，有利于建构和谐的高校英语生态教学系统，有助于培养学生终身学习能力并为社会输出高质量的应用型人才"[1]。学习要在活动中进行建构，要求学生对自己的活动过程不断地反省、概括和抽象。反思对于学习而言必不可少。反思应该包含两个层面：①从教师角度而言，反思是教师在英语教学实践中，以自身表现及自身行为作为依据进行修正和解析，进而不断提高自身素质和教学水平的过程；②从学生角度而言，反思是以自己的学习活动作为思考对象，对自己所做出的决策、行为及其结果进行分析和审视，是一种通过自身觉醒来促进自身能力发展的方式。

反思性学习是指即学生借助自身发展的逻辑推理技能及推敲判断的能力，对其自身进行解剖的过程。反思性学习的过程是元认知的过程，是对学习进行再学习的过程，同时是一个自我监控、调节、建构的过程。在反思性学习中，学生对学习内容进行有目的、有计划的自我规划和监控，并选择恰当的学习策略，从而获取较高的学习成果，学生对该学习过程及其成果进行自我反思和评价，检验其过程与结果是否达到了完善的层面。如果达到了学生的预期目标，则表示学习结果是比较圆满的，因此，学生可以进行经验总结、方法

---

[1] 张静. 大学英语教学中培养学生反思性学习能力研究 [J]. 现代英语，2020（20）：46.

提炼、探索优化，积极地获取该学习体验，为下一层次的学习做准备。如果未达到学生的预期目标，学生就需要对自己的学习成果进行调节和补救，以期在合适的时间重新开始新一轮的学习。

(一) 反思性学习的特征

与普通的学习方式相比，反思性学习方式有着鲜明的特征，具体体现在以下四方面：

第一，探究性特征。反思性学习中的反思并不仅仅是对过去或以往知识的"回顾"或"回忆"，而是要找到以往学习中遇到的问题，并寻求这些问题的答案。反思性学习的精华在于：提出问题；对问题进行研究探讨；找到问题的解决办法。因此，反思性学习方式具有探究性的特点。

第二，创造性特征。反思性学习是一个积极的思维活动，通过反思，学生可以不断拓宽自己的思路，使自己的思维过程得以完善。反思是探索、发现以及再创造的过程。学生在反思的过程中举一反三，从而提高自身的英语素质。

第三，自主性特征。在反思性学习过程中，学生是处于完全自主的状态，通过学生自我认识与分析、自我评价等来获得自我体验，它以学生的学习动机为基础，实现学生自身的愿意学以及坚持学。由此可见，反思性学习具有明显的自主性。

第四，发展性特征。运用反思性学习方式的目的是让学生能够学会学习，它主要关注两个结果：直接结果与间接结果。反思性学习不仅要让学生完成英语学习的任务，还要求学生能够促进其自身理性思维的发展，这体现了反思性学习的发展性特点。

(二) 反思性学习的阶段

大学英语学习一般可以分为预习、学习和复习三个阶段，可以将大学英语反思性学习分为三个阶段：学前反思、学中反思和学后反思。在各阶段中，反思的内容各有侧重。

第一，学前的反思阶段。学前反思是对学习目标和与学习目标相关的内容加以反思，了解学习目的，同时制订合适的学习计划。例如，在预习词汇时，学生除了要对词汇进行读解和识记之外，还应查找其近义词、反义词以及相关词组，学会举一反三、融会贯通。通过查找相关资料，了解要学的内容要解决哪些问题，采取哪些方法，哪些内容是重点、关键等。在反思的过程中，学生可以边阅读、边思考、边书写，标记内容的要点、层次、联系，写上自己的看法。在预习过程中，学生尤其要对异域文化现象进行反思。语言与文化密切相关，英语教学不仅是语言教学，更是文化教学。例如，学生在预习"I have a dream"（我有一个梦想）一文时，应该反思作者是谁、演说是在怎样的背景下发表的，演说发表的原因,演说后的反响如何等。通过进行学前反思,学生在课堂学习中可以做到有的放矢。

第二,学中的反思阶段。学中反思,即大学生对学前反思的内容和教师课堂教学的内容和方法加以反思。具体而言,大学生的学中反思通常包括以下情况:①学生对教师教学目的与要求的了解情况;②把英语教师的教学目的转化成学生自己的学习目的并以此为基础努力学习的重要性的情况;③教师在课堂上采取某项教学活动提高学生语言能力意图的情况;④课堂上是否能跟上教师教学进度的情况;⑤学生预习时解决的问题与教师的讲解印证的情况;⑥学生预习时未解决的问题在课中教师讲解的情况等。

第三,学后的反思阶段。学后反思,即学生在课后对自己的学习效果进行反思、评价和监控。具体而言,学后反思主要包括以下十方面:①对学习策略的了解情况;②是否有意识使用有效听力策略、交际策略、阅读策略和写作策略以及对这些策略的监控情况;③对不利于英语学习的情感因素进行克服的情况;④在课外学习英语、运用英语的情况;⑤利用已有学习资源的情况;⑥与他人合作学习的情况;⑦将新学的知识运用于语言实践的情况;⑧在英语学习中能否意识到自身错误的情况;⑨在意识到错误的同时能否找到原因,并对错误进行相应更正的情况;⑩能否选择行之有效的学习途径使自己成为一个更好的语言学生的情况;⑪在完成某项语言任务过程中能否同步检测自己预先制订计划完成的情况;⑫在完成某项语言任务过程中能否检查并更新自己对前面知识理解的情况等。

(三) 反思性学习的实施

第一,自我规划与监控。在反思性学习中,学生先要对自己的英语学习进行规划,即通过审视自己的学习目的、内容、方式及其环境来制订适合自己的学习计划,并且保证该计划符合自己的学习方式。此后,学生开始进行学习,但在学习的开始,学生就要对自己的学习进行严格的监控和调节,并对自己的学习计划进行反思,建立一个良好的开端。计划与真实的学习行为之间通常存在一定差距,只有进行了预先的计划,学生才能有明确的方向,但是能否将计划付诸行动就需要使用切实可行的学习方式,更需要强有力的监督机制。

第二,自我省思与评价。在一段时间的学习后,学生必然会收获一定的学习成果。从传统意义上而言,该学习过程已经结束。但是对于反思性学习而言,这其实才刚刚进入第二个阶段,这是因为在反思性学习过程中,学生关注的不仅仅是学习结果,还包含学习过程。通过对学习结果与过程进行反思,学生可以诊断出问题所在,具体包含以下五步骤:①学生具有问题意识,就会在内心产生一种困惑、怀疑的感受,并有决心试图对其进行改变；②当学生意识到问题之后，就会主动进行反思，并找出问题的原因；③学生广泛搜集关于自己活动的信息，并分析与之相关的经验，用批判的眼光来加以审视。通过分析，学生自己发现这些问题的原因，并及时进行记录；④找出问题的原因之后，学生要寻求解决的方法，发现更有效的学习策略；⑤学生对这些经验和教训进行总结，寻求补救的措施。

第三，自我调节与补救。当大学生通过自我反思和评价发现自己学习过程和结果仍存在明显的不完善之处后，就需要对这些不完善的地方进行调整。根据反思所得到的问题原因资料、分析的资料以及提出的补救措施，重新调整自己的学习计划，并制定更具有针对性的学习方法和策略。当对这些问题进行改进后，才能进入下一环节的学习。

第四，自我建构与发展。在自我建构的过程中，学生体验到了成功的喜悦，不断总结经验、深化拓展，构建新的知识结构，有利于促进其自身的发展。

第三节 英语教学中文化渗透的方法

"大学英语教学的过程就是一个培养学生应用英语对外交际的过程，而交际的过程是人们运用语言知识和社会文化知识传递信息的过程，所以，学习语言与了解语言所反映的文化背景知识是分不开的"①。大学英语教学的目标是培养学生应用英语进行交际。交际是通过语言和社会文化知识传递信息的过程。因此，学习英语不仅仅是学习语言本身，还必须结合了解英语所反映的文化背景知识。而了解英语文化知识有助于畅通有效的交际，缺乏文化知识则会导致交际障碍和语用失误。

在大学英语教学中，渗透文化教学是必要的。文化渗透的方法包括开设介绍英美文化知识的课程、创造跨国文化环境和教师运用研究成果于教学中。其中，开设介绍英美文化知识的课程是常见的方法，可以让学生在学科之外了解到英语国家的文化背景；其次，创造跨国文化环境可以使学生更好地感受到不同文化之间的差异，并进一步了解外语交际的实际情况；最后，教师可以将自己所掌握的研究成果运用到教学中，从而更贴切地了解文化与语言之间的联系。

教师在大学英语教学中具备现代化的教学思想和广博的知识也是非常重要的。教师应该关注英语国家的社会文化变迁，了解学生在文化认知上的差异，从而更好地开展教学工作。教师应该具备丰富的跨文化交际经验，能够为学生提供真实的交际环境，让学生能够

---

① 肖可，刘土英. 英语教学中文化渗透的必要性及其方法 [J]. 校园英语（教研版），2011（6）：4.

在实际中应用所学的英语知识。同时还需要强调教师的语言应该标准流利,发音准确,能够在语言学习方面起到典范作用。

教学中应重视文化差异,以使学生能够更正确、有效地运用外语。比如,英语中的礼貌用语与汉语有很大的差异,习惯使用英语的西方人对这种差异有敏感性和意识。而中国学生由于缺乏相应的语言环境与语用经验,往往使用的礼貌用语活在一个类比的文化语境中。这种情况是很常见的,且很容易造成误解和不适当的交流。因此,教师需要重视文化差异,教导学生更好地理解英语中不同文化的背景和隐含的含义,使学生能够更好地理解和应用在实践中。

总之,大学英语教育渗透文化教育是一个多方面的过程,需要从课程、环境、教师和学生等方面综合考虑。希望在今后的英语教学过程中,能够更加注重培养与沟通有关的跨文化交际能力,使学生能够真正掌握英语,更好地为未来职业发展和国际化交流做好准备。

第四节 "互联网+"背景下英语教学有效方法

"互联网+"是信息技术发展的产物,是多技术集中运用的体现。在教育信息化背景下,"互联网+"与教学的融合成为大学英语教学改革的主趋势,促进新型教学手段的有效运用,重构大学英语教学体系,促进大学英语教学方法的有效实施。因此,大学英语教师应重视"互联网+"的运用,树立"互联网+"教学思维,有效运用多元教学方法,为大学生提供自主、实践、开放的语言习得平台,使大学生既获取英语素材,也进行英语口语练习,获得英语能力的提升,达到大学英语教学改革目标。

"互联网+"背景下英语教学有效方法的实施主要有以下路径:

第一,树立"互联网+"教学思维。"互联网+"背景下,大学英语教师应树立"互联网+"教学思维,以此推动大学英语教学改革。首先,加强"互联网+"研究,认知到教育信息化在大学英语教学实践中的意义,并审视当前大学英语教学现状,树立教学创新思维,重视"互联网+"运用,从而构建"互联网+"的大学英语教学体系;其次,加强"互联网+"思维的普及,增强教师与大学生对"互联网+"的认知度,构建"互联网+"英语教学模式,促进"互联网+"在大学英语教学中的落实与运用;最后,大学英语教学方法的有效实施,以"互联网+"为支撑,所以,教师要明确大学英语教学目标,以教学目标为基点,有效运用"互联网+"的教学方法。

第二，构建"互联网+"教学平台。"互联网+"背景下，大学英语教学方法的有效性实施，应构建"互联网+"教学平台，开展线上线下混合式教学。首先，将"互联网+"运用到大学英语教学中，依据微课、慕课的教学优势，构建英语教学资源及在线教学活动，让大学生依据英语教学资源进行自主学习。例如，运用大数据技术，建立英语资源库，满足大学生对英语学科的多元化学习需求；其次，针对英语听说读写译能力培养，在网络学习平台构建阅读板块、听力板块、口语板块、翻译板块等，通过现代信息技术，增强教学板块场景的逼真性，使大学生融入其中，在环境与教育资源的引领下进行听说读写译训练，从而增强大学生英语综合运用能力；最后，以"互联网+"为导向，重视交流板块的打造，包含师生交流、生生交流，实现语言知识的分析、讨论、分享，提升大学英语教学的有效性。

第三，优化英语教学模式。在"互联网+"背景下，大学英语教师不仅要重视网络教学方法的运用，也要重视其他教学方法的运用，以多元化教学方法为大学生打造良好的"互联网+"英语教学活动。首先，重视案例教学法的运用。依托于"互联网+"教学平台，结合英语素材内容，立足于生活实际，开展案例教学，引领大学生通过探究案例，掌握英语学科知识，并增强大学生分析问题、解决问题的能力；其次，"互联网+"背景下，大学英语教学方法要有效实施，需创设英语教学情境，使大学生在情境中探究、思考英语知识，从而提升大学英语教学效果；最后，运用导入教学法。"在课堂教学的开端以微课为支撑，吸引大学生关注，使大学生快速融入教学活动中"[①]。

第四，提升教师信息化教学能力。在"互联网+"背景下，重视英语教师信息化教学能力的提升，使教师既具有计算机操作能力，能够运用计算机技术制作微课、开展慕课在线教学活动，也能够设计翻转课堂、线上线下混合教学活动，让大学生更好地融入"互联网+"英语教学体系中。

综上所述，"互联网+"背景下大学英语教学有效方法的实施，以"互联网+"技术与思维为导向，探索新的英语教学方法，诸如微课、慕课、混合式教学、情境教学等，并使其在大学英语教学中得到有效运用，为大学生提供英语语言习得、实践、分析、讨论的平台，增强大学生英语综合运用能力。

---

① 郭亚培."互联网+"背景下大学英语教学有效方法探析[J].校园英语，2022（26）：84.

第四章 英语教学的模式构建

第一节 英语多模态教学模式

随着时代的变迁，教育事业在持续发展变革，教学在资源和内容上都发生着巨大的变化。传统的教学形式正在逐渐向现代化发展，现代化教学模式和信息技术的融入为学生的学习生活带来了翻天覆地的变化。多模态教学的出现，满足了学生的不同需求，并且激发了学生的积极性和主动性。在多模态教学中，教师可以通过不同的方式，让学生更好地理解和接纳所学的知识。

多模态教学不仅仅是一种教学方式，更是一种提升学生学习能力的有效手段。其可以帮助学生提高口语表达、听力和综合能力，同时也能通过多种途径帮助学生学习英语知识，提升英语成绩和应用能力。对于英语教育来说，多模态教学可谓是一个质的飞跃，它有效消除了传统英语课堂中的瓶颈问题。并且它可以在不同的环境中灵活使用，不论是课堂教学、网络视频教学还是在线互动教学，都能够帮助学生更好地理解和应用所学的知识。

在教案设计中，灵活运用多模态教学也是十分必要的。基于不同教学目标和教学内容，采取不同的教学方式会获得更好的教学效果。教师需要具备丰富的教学经验和熟练掌握教学内容，进行系统化的教学设计。合理设计教案和课前准备可以提高教学效果，让学生按照设计的节奏学习。需要注意的是，恰当的教案设计需要考虑到学生的兴趣爱好和课程内容的联系，以及学生的实际需求和能力水平。

第二节　英语分级教学模式

一、英语分级教学模式的要点

（一）明确教师与学生的定位

（1）强调学生主体作用。学习是通过个人与环境之间的相互作用，基于学生现有知识和经验的过程，而不是一个被动吸收、反复练习和强化记忆的过程。因此，教师需要明确学生是教育的对象，帮助他们充分发挥学习主动性，并提高他们独立学习的能力，从而在真正意义上实现学生对知识的自我构建。在分级教学模式下，教师更对学生的个体差异引起重视，务必对不同级别学生实行不同的教学进度，与此同时，鼓励学生制订自己的学习计划。学生在制订学习计划时要考虑诸多因素，例如，个人学习目的、英语水平以及学习能力等，不仅如此，计划中还要包括学习的具体时间及内容，越详细越好。学生如果长期坚持，会得到很多益处，逐渐学会自我决策、自我管理的方法，从而达到自主学习的最终目的。这样，学生就能够成为确定自己目标并创造学习机会的自主学习者。

（2）发挥教师主导作用。在教学过程中，教师与学生要建立一种和谐的关系，创造出和谐的学习氛围，因此，会在很大程度上激发出学生的潜质，使其发挥出创造才能，提高其学习积极性以及自主学习能力。学生自主并不意味着完全独立。大学英语教师最重要的职责就是想方设法帮助学生学习英语知识，争取达到知识获取的最大化，提高相应的技能，鼓励并督促学生寻找并运用适合自己的学习方法，除此之外，还要引导学生制定学习目标，摆脱盲目学习的弊端，识别学习的内容和进程，正确地选择学习方法，自我监控学习过程，并评估学习效果。

（3）增强对英语学习策略的训练。学习策略的使用对英语学习成绩的影响非常显著。因此，应培养学生使用有效的学习策略。语言学习策略的训练与自主学习是相辅相成的，两者存在紧密的联系。学习策略的训练会为学生带来很多益处，能够帮助学生提高学习效率，进一步向学习目标迈进，除此之外，还有利于学生探索适合自己的学习途径，从而提升他们的自主学习能力。

（4）制定相关的评估体系。现在学生的学期成绩由期末考试成绩和平时成绩组成，即终结性评估和形成性评估相结合。但终结性评估的比重大于形成性评估，考试为主，平时学习表现为辅。为了鼓励学生的自主学习，我们要改变现有的模式，加大形成性评估的比例。特别对于成绩较差的班级的学生，我们可以运用以形成性评估为主、终结性评估为辅的评估体系，同时加强对他们的监控的督促，并采用激励机制，让他们养成学习英语的良好习惯，使他们逐渐做到想学、能学和坚持学。

（二）运用不同教学内容与方式

对不同级别的学生创设发展性的课堂教学，应选择具有知识性、趣味性和真实性的语言教学材料，给学生制定明确的学习任务，然后以任务为中心，开展形式丰富多彩的课外活动，并组织学生主动参与，在此过程中给予学生适当的引导、帮助和鼓励。而优秀班级的学生普遍基础较好、自主学习能力比较强，可以给他们增加除教材外的学习内容，如英美文化、商务英语、英美报刊阅读等内容，让他们的英语水平更上一层楼。

二、英语分级教学模式存在的问题

英语分级教学的实施，对教师与学生双方都有积极的影响，既可以促进学生提高学习成绩，也有利于教师根据学生的不同情况施行不同的教学策略。然而，在实施的过程中会出现很多问题，尤其是二级班的教学问题，如果这些问题没有得到妥善解决，就会影响教学效果。另外，分级教学与传统教学相比发生了很大的变化，学生可能不会固定于某一个班级，因此，学生之间的熟悉程度较低，相互交流会产生一定障碍。与此同时，随着经常被"升降"，部分学生的压力会加大，这个压力可能是长期的也有可能是短期的，从而产生焦虑的情绪，这对学习进步是一个很大阻碍。下面主要探讨基础班教学中的常见问题。

部分教师可能认为基础班和提高班之间最大的差距在于基础知识的扎实性，在教学过程中只是一味地对学生讲授基础知识，以查缺补漏为重点，而忽视了学生的心理以及相关的情况。教师应帮助学生探索学习规律与方法，在教学方法上有所改善。显然，基础班学生的英语基础薄弱，他们缺乏独立理解和学习的能力，兴趣也不够浓厚，因此，他们在课堂中注意力不会很集中，没有太多学生愿意发言，使得课堂的气氛不佳。教师也没有更好的方法应对这些问题，只好从开始说到结束，没有师生间的互动过程，这是一个很不理想的教学方式，学生只能被动地学习，经过一段时间，学习的积极性就会受到影响，教师与学生都会感到枯燥乏味，将在很大程度上影响教学质量。基础班学习的常见问题如下：

（一）学习方法不得当

基础班很多学生的学习方法存在很大的问题，总是认为学单词和语法是英语学习中的关键，因此，就把学习的重心放在这两者上，进行机械的记忆，而不是科学的情景记忆，忽视了听、说、读、写、译的重要作用，没有对此展开综合性训练。很多学生不懂得举一反三，缺乏灵活运用的能力，只会死记硬背，这样的记忆时间不会很长，过一段时间很可能就忘记了。长此以往，学生在英语学习方面的自信心备受打击，逐渐放弃英语学习。除此之外，基础班学生还存在一个普遍的问题，那就是过分依赖于教师，遇到问题时会直接问教师，缺乏自己的思维过程，也不提前学习，而且课后不复习。因此，学生应养成良好的英语学习习惯，更要有良好的学习态度。

学生的心理因素十分重要，它往往决定了学习效果。如果一个学生的学习成绩不好，会出现一系列的连锁反应，这些反应都会给学生带来消极的情感，然后会对学习产生一些抵触心理。有的学生入学时的分级考试发挥失利，被安排到基础班中，这会产生很大的情绪波动，自信心与自尊心均受到打击。有的学生进行口语时缺乏勇气，怕说错。还有一部分学生的学习态度很好，很努力，但最终没有取得好的成绩，随着考试失败的次数增多，因而对自己的能力表示怀疑，越来越灰心，最终选择放弃，这些都导致整个班级缺乏良好的学习环境，最终的教育效果也与预期相差较大。

基础班中的一些学生对英语没有正确的认知，认为英语并没有那么重要，对他们以后的人生不会起到太大的作用，可能也不会遇上涉外交流的情况。因此，他们对英语学习没有明确的目的。起初，他们接触英语学习可能只是出于好奇，只是学习一些简单的知识。长期以来，随着词汇量的增加和语法知识的复杂化，许多学习者对英语学习逐渐失去了兴趣，放弃了进一步学习。由于缺乏对英语学习的正确理解，英语学习很难成为他们真正内在的需求，也难以在他们的学习过程中形成良好而稳定的兴趣。

（二）分级教学中学生的焦虑心理

随着英语分级教学的施行，每个层级的学生都会面临新的挑战，这些挑战会在很大程度上超越进入大学之前所面临的。刚进入大学校园的新生，学校会结合他们的高考成绩及分级考试的成绩将他们安排到不同层级的班级中学习。大多数学生进入中档级班级学习，其余几名基本知识较好的学习者和相对较差的学习者分别进入高档或低档班级学习。在这三类中，通常高档班级的学生和在随后的学习中不及格的学生是分级教育改革的最大受益者，与学习水平一般的学生而言，基础好的学生对自己的期望更高，希望自己成为年级第一，获得所有教师和同学的认可。随着年级排名越来越靠前，他们面临的压力也越来越大，要远大于在自然班级教学模式下的压力。如果他们没有获得预期效果的话，无疑会产生负面情绪，感到失落、挫败，从而逐渐减少对学习的兴趣，丧失积极性。就进入较差班级的学生而言，教师酌情把他们安排到基础班后，他们可能觉得自己与高级班有一定差距，自尊心受挫。如果放大开来，这些学习者更容易受到内在敏感性和自尊的影响，从而拒绝参加任何活动；因此，在英语考试中，他们的紧张和恐惧情绪会更加明显。

三、英语分级教学模式的优化策略

下面以基础班教学问题的优化策略为例。大学英语分级教学模式中，基础班教学的优化策略主要包括以下三方面：

（一）树立学生自信心，激发学习英语兴趣

兴趣是决定学习效果的重要因素，也能够起到促进学习进步的作用。如果学生在学习过程中没有兴趣作为支撑，那么学习就成为一种负担，从而产生消极情绪。反之，拥有浓厚兴趣的学生对学习会有很大的热情，从而产生积极的情绪。然而，基础班中的很多学生都想提高英语成绩，但是基础比较薄弱，接受能力不强，在考试中屡遭失败，久而久之，他们对英语学习的兴趣所剩无几。如果这时教师再对他们冷漠的话，他们对自己就更加没有信心了，质疑自己的能力，没有英语方面的天赋。因此，教师一定要先从自身做起，热心帮助学生，使之重建信心，进一步激发英语学习的兴趣，具体的做法表现为以下三个方面：

1. 调动学生的积极性，积极改变教学方法

为了让学生更好地理解教学内容，教师应积极改变教学方法。随着信息技术的不断发展，教师可以顺势利用多媒体、网络等信息技术手段来辅助教学，这种多媒体网络信息技术摆脱了传统教学方式的枯燥、乏味，视、听等多种感官并用，更加形象、直观和生动，对学生加深知识的理解和记忆的强化具有很大的助益。

需要注意的是，一味采用传统的方式无法激发他们的学习热情，会更让其感到英语学习的枯燥和艰苦，在心理上总想远离，非常不适合基础班的学生。教师在教学中，还要组织开展多种形式的教学活动，例如，讲述英语故事、学唱英语歌、进行简单的情景对话、做一些单词拼写游戏等，这些充满趣味性的学习活动可以很好地调动学生的积极性，培养其学习兴趣，使之每次上课都有不同的感受。大部分学生都有喜欢看外国电影的爱好，教师可以充分利用这一情况，在教学中让学生背诵一段英文对白，在课堂对着屏幕进行表演。另外，很多学生爱好唱歌，尤其是英文歌。教师可以充分利用这一点，让学生听歌填词，在黑板上抄写他们学到的英语歌词，并空出个别单词，让学生听到后将其补全。这样，他们就会产生兴趣并能够认真听了。许多学生可以正确地听到这些单词，这样学生不仅可以学习英语歌曲，而且可以提高他们的英语听力能力。

在课堂上，学生的学习兴趣和积极性与学生的学习成效直接相关。因此，教师应该设法利用各种小游戏和活动来调动学生的积极性。为此，教师可以制定一些任务，这些任务必须充满趣味性，并且与学生生活紧密相关，这样学生才会有兴趣完成它们。例如，教师可以在课堂上采用情景话剧的语言训练形式。首先，对学生讲解关于日常生活中问路、吃饭、购物等方面的常用语言表达，然后规定一定时间，让学生进行相关的情景对话训练。对话完成后，教师会根据学生的表现做出评价，并进行表扬，以激励表现好的同学，同时对表现不够好的学生给予鼓励，希望他们再接再厉，争取下次取得更好的成绩。

一般而言，基础班中的学生的基础相对薄弱，理解能力也极其有限，教师不可教学进度过快，讲述太多、太复杂的知识，因此，教师在教学计划的制订上要多下功夫，尽量做到让学生乐于接受和参与，适当降低难度，尽量使所有学生都理解，深入浅出地进行讲解。例如，基础班中的部分学生可能连音标的知识都不太懂，这就需要教师多些耐心帮学生补充一些前期学习中欠缺的音标知识。教师在讲课的过程中，语速适当放慢，同时还要密切观察学生是否听懂，当他们没听懂的时候要再讲一遍，或者举一些简单的实例，以便学生更快地理解。另外，在生词教学的过程中，难免会遇到一些难度较大的单词，有的单词很长，学生很难读出来，教师可以把这种单词写在黑板上，将之分解成几个部分，让学生看清楚单词的结构，只要求读得慢些但要准确。在教授语法时，教师讲完一个语法现象，一定要结合所学知识随堂做练习，使学生学完知识后立刻进行实操，提高学习效率。

2. 加强师生间的沟通，构建和谐的师生关系

在大学校园中，基础班学生很有可能受到学习好的学生的歧视，因此，教师要有一定的心理准备，要有极大的耐心，要对学生做到全面客观的认识，英语不好可能数学是奥林匹克的冠军，每个人都有自己的专长，要像对待成绩优秀的学生一样关心和爱护他们，对他们做到平等、尊重、理解。如果教师在授课时总是面无微笑，表情很严肃，师生关系紧张，对学习成绩不太理想的学生态度不好，这会打击学生的积极性，增加其焦虑感，从而对学生的学习效果产生负面影响。反之，如果师生关系很和谐、友好，那么无论从学生还是从教师的角度，课堂教学都是一个十分愉快的过程，学生会感受到教师给予的温暖，从而产生幸福感，这有利于课堂的学习。

学生的学习效果与师生关系密不可分。在良好的师生关系中进行学习，学生的思维变得更加活跃，对教学活动更有兴趣参与，消除对自己的怀疑，增强自信心。当学生面对教师对其的关注和关心时，会产生一种感激之情，更有希望向前迈进。因此，教师应经常与学生进行交流和谈心，将自己看作学生的好朋友，了解他们对英语学习的真实想法，找出

他们在学习中的困难，并与他们共同克服困难。

3. 使学生获得成就感，激发学习者心理上的情感体验

在学习者的心理上，学习的最终成果怎样在学习者的心理上会引起不同的情感体验。如果学生在课堂中总是能感觉到成功，这势必会增强自信心，对英语学习越来越感兴趣，从而形成一个良性循环，达到教学目标指日可待。而基础班的学生考试成绩不理想的次数很多，得不到很好的自我肯定和积极评价，他们就逐渐对英语学习开始排斥，一接触到英语心理上对自己的反馈就是负面和消极的。成就感在很大程度上决定了学生的学习效果，显得尤为重要，因此，为了使学生在接触到英语时对自己的反馈不再是消极和否定的，教师应该不断为学生创造英语学习成功的机会，让他们尽可能体会到成功的喜悦。

正确地回答教师提出的问题，乃至读对一个句子、一个段落、一个单词，这些学习过程中微小的成绩都可视为学生的成功加以表扬，这样学生体验成功的机会增多了，信心的建立也更加容易。一般而言，学生很在意教师对他们的看法与态度，这就要求教师要将情绪中积极的一面展现出来，避免训斥学生、发脾气的现象，否则会对学生心理产生很大程度的伤害。所以，教师要经常给予学生鼓励和表扬，即使学生没有正确回答教师提出的问题，也要及时地给予鼓励，让学生不要灰心，下次争取回答正确，从而发挥出进一步启发引导的作用。在教师的引导下，学生能够很好地完成课堂训练时，教师要及时给予肯定。另外，在平时的作业批改中，教师也要对学生进行鼓励，写一些积极的话语，这样也会传递给学生一种温暖和成功感，对学生的英语学习是一种激励。

（二）加强学习方法指导，培养学生自学能力

一般情况下，基础班学生往往没有正确地掌握学习方法，这会导致学习成绩不理想，需要教师立即采取行动给予帮助。在教学过程中，教师应该重视指导学生学习方法，帮助他们尽快摆脱死记硬背的学习方式。其中，学生单词记忆问题尤为普遍。许多学生认为单词只能通过机械性背诵掌握，但是过一段时间就会遗忘，这是英语学习中最棘手的问题之一。因此，教师在教学过程中要经常引导学生使用正确的方法来学习单词，例如构词法、归类法、联想法和拼读法等。

有的学生是以不出声音的方式学习单词的，经常埋头默写单词，这种方法既枯燥又得不到效果。实际上，有一种方法可供学生参考，那就是"大声朗读法"，"大声朗读法"是大声朗读正在学习的单词，并反复训练言语器官和耳朵。长此以往，朗读单词的声音就会刻在脑子里，不仅听力得到了提高，而且英语发音也得到了改善，单词自然也记住了，达到了"一举三得"的显著效果。

教师除了加强学习方法指导外，还要注重培养学生的自学能力，教师要利用合理的方式让学生认识到学习观念的重要性，不能过于依赖教师，教师只是起到一个引导的作用。另外，教师还要教育学生在课堂上认真学习，积极参与教师组织的活动，在课下也要主动学习相关知识，要求学生不仅要接受教师的指导，还要尝试自主学习，只有学习观念发生了转变，才会形成正确的自学态度。在上课时，教师要对学生的预习情况进行大致了解，主要以提问的方式，这在一定程度上能起到督促的作用。另外，教师还要引导学生做好课后的复习工作，加深学生对知识的印象，达到巩固的目的。为了更好地帮助学生查缺补漏，教师还要适当安排一些单元测试，这样就能比较直观地让学生意识到知识上的漏洞，从而尽快弥补，为下一个单元的学习打下良好的基础。教师应培养学生独立思考的能力，遇到问题先自行研究，实在不会再问教师。进行课外阅读也是提高英语水平的一个途径，因此，教师要鼓励学生开展课外阅读，课外阅读可以扩展学生的知识面，提升对英语学习的兴趣。

（三）增强课堂教学管理，保证良好教学秩序

针对基础班学生课堂表现散漫的问题，教师需要及时采取措施改善局面。在课堂教学中，教师应制定相应的制度，确保奖罚分明。对于那些不迟到、不早退、课堂表现好、积极思考的学生，应在全班表扬，鼓励他们继续努力，同时增加他们的平时成绩。而对于那些学习态度差、课堂表现不好的学生，则应及时批评教育，并适当减少其平时成绩。需要注意的是，教师在批评教育时不应过于严厉，以免引起学生的逆反心理。教师应注意采用正确的方式对学生进行批评教育，并格外爱护学习较差的学生，发现他们的优点并耐心给予学习帮助，对他们的进步给予鼓励。

综上所述，在大学英语分级教学中，基础班教学仍存在许多问题，需要教师不断研究与解决，并进行经验的积累。教师要充分发挥自身的作用，为基础班教学做出贡献。正确地理解表现不佳的学生，减轻他们的心理负担，才能够达到有效的教学目的。此外，随着分级教学的施行，一部分基础好的学生会提前完成课程任务，修满学分，之后选修一些其他的课程，使自己的英语水平继续向高处迈进。而没有完成任务的学生可能会产生负面情绪。教师要认识到他们焦虑的真正原因，最大限度地降低学生的焦虑情绪。焦虑的产生是一种正常的心理反应，因此，教师要让学生摆正心态，正确认识焦虑，它是每个人在生活中都会遇到的，属于生活中的一部分，有压力很正常，有焦虑就更正常。学生只有正确认识语言焦虑，才能对自己有正确的认识与评价，从而学会通过一些适当的方式来释放压力，缓解紧张情绪，进而达到降低焦虑感的作用。

教师平时一定要密切关注学生，观察他们的所作所为以及情绪变化，针对他们的情况，尽量帮助他们缓解压力，从而减轻他们的焦虑感。教师经常对学生进行心理疏导，对学生会有很大帮助，在减少焦虑方面的效果很明显，而且还会提高学生的学习成绩。很多学生在外语学习中焦虑感很强，主要是因为一些综合的因素，例如，认为自己没有外语天赋，对自己的评价不正确，信心缺失等，如果教师在这个时候鼓励他们，总是肯定他们的能力，学生就会逐渐恢复信心，对自己逐渐有一个正确的评价，从而减轻焦虑感，提高学习成绩。

很多学生对期末考试有恐惧感，这也是学生产生焦虑的主要原因之一，针对这种情况要开展一些措施，例如，完善成绩考评结构。换言之，学校不要把期末考试当作评价学生本学期学习成果的唯一标准，要适当降低期末成绩中卷面分数的比例，提高平时表现的成绩。这样，学生对期末考试就没有那么担心了，更加重视平时的学习过程与表现，从而在一定程度上提高语言能力。

此外，教学管理人员在实施分级教学时要贯彻落实"两头小，中间大"的原则，从而将负面影响降到最低。"中间大"是进入中间级班级的学生的人数最多，一般要多于总人数的50%；"两头小"是分入较高级和较低级班级的学习者的比例要小，甚至可以只分两个档次的班级学习。一般而言，各大学规定高级班与低级班的班级人数总和不得超过总人数的20%。在学生进入分级教学之前，教师就应具体告诉他们关于分级教学的目的、必要性以及优势。只有这样，学生才会对分级教学有一定的了解，从而不会过于抵触这种教学模式，也不会误解教师的用心。这样，学生可以快速适应分级、考试等情况，减少焦虑的产生，不仅如此，还能提高对学习的积极性，学习动机更加明显，从而提升学习质量。当学习内容被赋予积极情绪时，学生就会认为学习是一件很愉快的事情，而且可以促进自己的进步，提升自己的能力，从中获得满足和快乐。

第三节 英语微课与慕课教学模式

一、英语微课教学模式

（一）微课教学模式概述

"微课"是指在课堂教学的过程中，教师会把所有的注意力聚焦于其中的一个知识点

（例如课程的重点、疑点、难点）或者技能等专一的转学任务，并对其开展教学活动时所用的一种方法，这种方法有着清晰的目标、强烈的导向性、教学时间较短等特征。

微课的时间虽然相对而言比较短，但其组成成分比较完整，有主要部分和次要部分。其中的课堂教学视频是主要部分，是组成微课的重要部分，而视频的内容主要包括课堂教学过程中的难点和重点等主要内容，旨在拓展学生的思维，使得学生掌握课堂所学知识的方式变得更容易、更有效。另外，上课前的教学设计和材料课件，课中和课后的测试练习、学生反馈、教师评价等都属于微课的次要部分，这些均是促进微课得到进一步提高的辅助性的教学资源，也是一个非常重要的组成部分。

只有核心部分和辅助部分按照一定的组织关系，有序、和谐地相互配合，共同构建一个半结构化、主题化的资源单元应用的环境，才能使学生的课程更顺利、更有效地进行。与传统单一的教学资源相比，微课的教学资源种类更是多样，但它们既有区别，又有联系。换言之，微课是以传统教学资源为模板，对其进行一些创新和开发而形成的。

1. 微课教学模式的主要特点

（1）主题突出、内容具体。每个课程的微课，研究的主题只有一个，选择的主题要始终围绕着教育教学的具体实践，如突破教学难点、教育教学观点、学习策略、强调重点、教学方法等都可以作为研究的主题，同时也可以选用那些具体的、真实的问题。

（2）基层研究、趣味创作。微课的课程对课程开发人员的要求不高，基本上任何人都可以成为课程开发人员。此外，从课程研究与开发的目的来看，是帮助学生和教师紧密联系教学目标、教学内容和教学手段来完成教学。因此，创作的内容对于教师而言，必须是其熟悉的、有趣的、可解的问题。

（3）资源容量较小。微课视频的容量相对较小，其容量（包含辅助性资源）一般仅有十几兆。因此，微课视频不仅可以支持网络在线播放，还可以下载到手机上随时随地观看。因此，无论是教师在线观摩、评课，还是课后反思、研究都是极其方便的。

（4）教学内容较少。微课教学的主线为片段视频，主要对课堂教学过程中的某一学科知识点进行重点强调，而传统的课堂教学一节课需要完成的内容有很多并且比较复杂，相对而言，微课的内容就比较简单、准确、突出主题的速度快，更与教师的需求相适应。

（5）教学时间较短。微课的教学时间是依据学生的认知特点和规律来制定的。由于学生集中注意力的时间相对较短，微课的视频内容相对精确、简单，有着鲜明的主题。因此，其教学视频时间通常为5~8分钟。与传统教学相比，微课的教学时间确实非常短，因此也可以称之为"课例片段""微课例"。

（6）反馈及时、针对性强。微课的视频剪辑时间短。在短时间内，开展"无学生班"

活动。参与者可以及时听到他人对其教学行为的评价，并获得反馈信息。但与正常的信息反馈相比，这种听课、评课更为及时，即根据当前内容及时进行反馈。因为这是课前小组的"预演"，每个学生都可以参加。

2. 微课教学模式的设计规则

英语教师要适应信息时代的发展和教学模式的变化，必须学会自主设计和制作微课，在这个过程中，需要遵守以下规则：

（1）课程开始时，教师应向学生做自我介绍，使他们对教师有一个基本的了解。

（2）切记微课用户是学生，所以在设计和制作时，教师应该考虑怎样的知识和表现方法可以让他们更容易理解。

（3）在课程开始时，教师应向学生明确介绍课程的评价方法，使学生在学习过程中有证据，并根据本节课的教学目标进行学习。

（4）一个微课最好只讲一个相关知识点，所以时间不能太长，要尽量短，以抓住学生注意力的最佳时间，一般要求不超过 10 分钟。

（5）无论讲解怎样的内容，即使很简单，也不要轻易跳过教学步骤。如果课程内容比较复杂，在必要时教师可以向学生提供提示性信息。

（6）为了给学生不同的活动留一个转入的空间和时间，在微课过程中要适当设置暂停，或者后续活动的提示。

（7）对于一些重要的概念，教师需要让学生有一个正确的、清晰的认识，对于它的基本概念和原理都要清楚；对于一些关键技能，也要清楚地告诉学生哪些时候能用，哪些时候不能用，应该如何用等。

（8）只有教师的讲解，会使师生之间的互动减少，并且传统教学模式的缺点也会继续保留。因此，在微课程上，可以允许学生适当提问，但要对所提问题的重要性做出合理安排。这样可以增强师生之间的互动，提高学生的思维能力。

（9）教师不容易说清楚的部分可以用字幕补充，但是不要长篇大论，增加学生的阅读负担，只须列出相应的关键词即可。

（10）当一个课程结束后，教师要进行适当的总结，要达到能帮助学生梳理知识学习的思路，强调知识重难点的效果。

（11）留心学习其他领域的设计经验，从中找到可以借鉴的创意，进而找到自己的立足点，进行创新。

（12）细节对课程的影响很大。教师处理好细节可以使整体工作看起来更加完美；反之，会降低微课程的效率。

此外，大学英语教师在教学过程中还要充分注意微课的细节，如鼠标不应在屏幕上晃动；字体和背景的颜色要很好地匹配；录制视频要安静、无噪音，保证学生在更好的环境中学习。

3. 微课教学模式的评价标准

微课的具体评价标准，可以包括以下五方面：

（1）聚焦。在学习过程中，对于学生能够通过自主学习解决的问题，教师就不需要制作微课程了；而对于那些不经过老师讲解，通过自主学习无法解决的问题（如重点、难点或者易错点），是制作微课程的一个重要方面。

（2）简要。在传统的课堂上，虽然一堂课有40或45分钟，但学生真正专注的时间并不长。因此，要想使这种低效的教学模式有所改善，微课程应该准确把握学生注意力集中的最佳时间段，简单、明了地总结要讲的重点和难点以及需要重点强调的知识点，时间不得多于10分钟。

（3）清晰。微课程通常包含文字、图片、视频图像等很多形式的内容，其中包括视频内容的学术语言。要使学习内容清晰、完整地呈现在学生面前，达到良好的学习效果，就必须规范、合理、清晰。

（4）合理。技术的合理使用有助于提高学生的学习效率，但技术的滥用也会使学生的注意力有所分散，产生不良影响。因此，在技术选择上，应针对不同的课题选择合适的方法和途径，使信息技术得到合理的利用。

（5）创新。对教育结果有所影响的因素有很多，如教育理念、教学模式、教学策略、运用技术等。因此，还应多角度考虑创新，使学生的学习兴趣得到激发，有助于学生对学习内容进行更有效的理解。

（二）英语微课教学模式的构建

微课是大学重点推广和全面运用的一种教学方法，大学英语教师需要在教学中，充分掌握微课的特点内涵以及对英语教学工作开展的重要性和必要性，从而制定有效措施，提高自身职业素养和专业技能，实现微课在大学英语教学中的应用。

1. 英语微课教学模式的设计

英语微课是一种新型的教学模式，通过短小精悍的教学视频来传递知识点、讲解语法，提升听、说、读、写能力。在设计英语微课教学模式时，关键点可以总结为以下五个方面：

（1）明确教学目标：在设计英语微课时，首先需要明确教学目标。教学目标决定了教学的方向和内容，只有确定了教学目标，才能更好地设计教学内容和方法，以达到期望的教学效果。

（2）制定教学大纲：在明确教学目标的基础上，需要制定具体的教学大纲。教学大纲应该包括教学内容、教学流程、教学活动等，并要考虑学习者的实际情况和需求。

（3）设计教学内容：为了让微课更具针对性和实用性，需要针对不同学习者设计不同的教学内容，包括语法、词汇、听说读写等方面。同时，还需要将教学内容与实际情景相结合，加强语言知识的应用能力。

（4）选择教学方法：英语微课的教学方法可以包括视频、音频、文本等形式。在选择教学方法时，需要根据教学目标和学生的需求进行综合考虑，选择最适合的教学方式。

（5）评估学习效果：为了确保教学效果达到预期，需要定期对学生的学习效果进行评估，包括对学习者能力、兴趣和积极性等方面进行评估，以便及时调整教学策略和方法。

以上是英语微课教学模式设计的关键点。设计出高质量的微课需要对以上几点进行综合考虑，只有严格遵循这些原则，才能够设计出更加丰富、紧凑、有效的英语微课。在进行英语微课设计的过程中，需要注重针对性、实用性和灵活性。通过根据需求和学习者的实际情况进行适当的调整和改进，可以提高学习者的英语水平和学习效果。

2. 提升教师微课运用的专业素养

提升教师微课运用的专业素养是一个重要的课题。教师微课不仅需要具备教学技能，还需要具备充足的专业知识和针对学生的数据分析和解决问题的能力。提升教师微课运用的专业素养有以下关键点：

（1）深入学科知识。教师需要充分掌握该学科的知识，包括概念、原理、方法、技巧等。学科知识深入的教师更容易理解学科的本质，掌握表达学科的有效方法，这有利于教授微课。

（2）熟悉微课技术。教师应该熟练掌握微课技术，如何录制视频，如何制作PPT、如何使用幻灯片和多媒体元素等。这些技术知识对于制作出好的微课视频很重要。

（3）了解学生需求。教师需要了解学生的需求和兴趣爱好，以便制作出最适合学生的微课视频。教师可以通过问卷、讨论会等方式了解学生的需求、疑难和问题。

（4）注重数据分析。教师还需要具备数据分析和解决问题的能力，这样才能够发现和解决在微课制作和教学中出现的问题。教师可以利用学生的测试成绩和反馈来分析教学效果和微课教学的改进。

（5）适应课堂多样化。教师需要在教学设计中考虑不同学生的能力和实际需求。通过不同的学习方式和教学方法来满足每个学生的需求。

如果教师能够深入学科知识、熟悉微课技术、了解学生需求、注重数据分析和适应课堂多样化，就能够制作出更加专业、适合学生的微课，并且有利于提升学生的学习效果和素质。教师需要不断提升自己的素养和能力，以便更好地适应现代学生的需求和教学要求。

二、英语慕课教学模式

慕课（Massive Open Online Course，MOOC），即大规模在线开放课程，是指通过互联网面向所有人开放的一种网络教学课程。"在教育信息化的时代背景下，慕课受到了世界教育工作者的关注。该教育模式将互联网作为平台，实现了大规模的网络教育，实现了优势教育资源的整合，促进了教育公平的实现"[1]。慕课的出现，为英语教学改革带来了机遇。慕课一个比较大的优势就是资源的免费，那些无法享受到高质量教学资源的学习者就可以借助慕课平台完成相应的学习，同时，其还可以根据自己的学习进度与学习能力制订学习计划。学习成绩好的学生可以搜索更难的资料以实现自己的进一步成长，而成绩相对不高的学生则可以通过搜索简单的资料巩固基础知识。

（一）英语慕课教学模式概述

1. 慕课教学模式的特性

相比视频公开课等其他在线教育模式，慕课有着三方面特点：第一，慕课课程规定有严格的学习时间，课程上传完成后，学习者必须准时完成章节学习及其配套的作业、考试和互评等；第二，慕课的教学资源需要精心准备，资源内容比较丰富，选择多，精心准备的资源能确保课程的顺利开展；第三，正式的考评认证机制，与其他网络教育模式不同，慕课课程的考评机制比较正规，因此可为学习者提供学习成果的相关认证，在院校、企事业单位等具有很高的认可度。

（1）自主性。慕课网络课程学习的全过程就是在线完成的，具体而言，就是事先录制好视频，然后上传到网络平台，学习者通过搜索找到自己想要了解的那部分资源进行在线学习。此时，学习者的网络在线学习是可以不接受教师指导的，具有很强的自主性，他们借助网络可以自行在慕课平台上寻找自己想要的资料，这样慕课平台就推动了学生的个性化学习，同时，也有利于学生自主学习能力的提高。另外，慕课还有一个比较大的优势，

---

[1] 王怡云.基于慕课视角下大学英语混合教学模式的构建路径探索[J].校园英语，2021（22）：85.

就是其可以将学习者的碎片时间进行最大效率的利用。

（2）开放性。传统课堂教学相对比较丰富，慕课由于依靠互联网，所以，其学习资源具有很大的开放性，所有资源都是面向所有人的，只要是网络平台上的用户都可以下载相关资源。在慕课平台上学习的入学门槛不高，只要有网络，平台上的免费资源都可以供学习者学习，这为那些身处教育资源较少地方的学生提供了更多的、高质量的学习资料。学习者只要热爱学习、拥有网络，那么就能随时随地学习。需要注意的是，学习者在慕课平台上下载学习资源时是一个知识的消费者，而当其向平台上传资源时其就成了知识的生产者。可见，从本质上而言，慕课确实是一个比较开放的学习平台，所有学习者都可以在上面获取、整理以及分享知识，它满足了人们在信息时代与知识时代的双重需求。

（3）互动性。与传统课堂教学相比，慕课在线网络课堂教学这种网络教学模式有着其突出的教学优势，因此，一经推出就获得了许多学习者的喜爱。慕课在强调学习者自主学习的同时，也强调互动，因此，慕课平台上会有许多的线上交互工具，例如，人们熟悉的留言板、问答社区等，当学习者对某一知识点产生疑问时，其就可以通过线上交互工具向资源上传者或者同类知识学习者提问，在获得答案之后，也可以与其一起讨论，这样学习者就能更加高效地丰富自身的知识结构体系。

（4）大规模。慕课是一种网络教学模式，它在网络教育平台上有着大规模的特征，这种大规模主要体现在三个方面：第一，参与课程的学生数量比较多；第二，由于用户可以随时随地上传数据，因此平台数据量颇大；第三，参与慕课课程建设的高校以及教学团队较多。传统课堂的场所就是学校的教室，教学场所固定、有限制，这就对参与教学的人数有了限制，但在慕课在线网络课堂上，学习者的人数是不会被限制的，只要有网络，全世界范围内的人都可以在相应的网络平台上选课学习。慕课能为学习者提供海量的学习资源，它包括社会科学知识，也包括理科知识，能为不同专业的学习者提供学习指导。

2. 慕课教学模式的功能

（1）根据学习者慕课学习情况，适当调整课堂教学内容。慕课的一大特点就是允许学习者根据自己的实际情况制订学习计划。具体而言，可以在三个方面做出改变：第一，教师要关注学生在慕课课堂上的表现，对于学生在课堂上提出的问题要能够给予及时的解答；第二，教师要主动进行调研工作，总结学生在英语学习过程中遇到的问题，找到解决之策，从而在后续教学过程中对不同的问题予以适当强化；第三，在慕课课堂上，学生的作业评价主要是通过其同伴来实现的，但学生一般都非常希望教师能给予自己合理的评价，因此，教师应该在以后的慕课教学中，多给予学生作业适当的评价。

（2）依托国际慕课，激励学生学好大学英语。语言障碍一直都是学生无法较好地完成慕课学习的原因。所以，英语教师应该抓住解决这一问题的机会，鼓励学生积极学习国际慕课，这样，学生英语环境有所改善，其英语水平也会有质的提高，更是会激起其学习英语的兴趣。

（3）根据慕课课程需要，适当调整大学英语课程体系。每个高校可根据自身发展以及学生对慕课学习的热情状况，设置"大学通用英语+大学英语后续课程"的课程体系。

3. 慕课教学模式的适用性

慕课的出现，有利于转变我国当下高等教育人才培养模式，所以，在实践应用中要严格遵循适用性原则，充分结合不同高校的实际情况和不同学科的专业特点，有针对性地量身制定教学模式与应用方式。

（1）不同类型的学校采取不同慕课策略。综合性的研究型高校，不但要充分利用慕课提供的世界各地优秀教学资源，而且要自主创新和开发品牌课程参与慕课平台上，供别人学习交流。普通高校主要是学习和吸收慕课平台上的优秀资源，并将这些教学资源有效应用到自身教学工作中，提升整体教学质量，继而利用应用型高校的学科优势创新和开发部分专业实用性课程参与慕课平台中。

（2）慕课模式对不同学科课程的适用性不同。目前，慕课的某些设计还无法满足高校所有学科复杂的知识结构体系和特殊的思维能力要求，并不是对每个学科都适用，其对高校学科课程的适用性主要包括以下三方面：

第一，理论课程。慕课网络课程有利于先进理论教学资源的共享和交流，从而有助于更好地优化理论课程设计，提升教学质量。但难以适用实践课程，因为实践课程对现场实验和调研等实地操作方面的要求较多，在实践中才能够更好地提升学生的专业技能。慕课虽然有在线模拟实验室功能，但学生无法真实地感受，教学往往达不到好的效果。

第二，程序化的学科课程。慕课模式比较适合结构化知识的传授，要实现相对高层次、高难度的数理推理和逻辑思维能力培养等课程的效果较为困难。

第三，外语类和双语教学课程。因为当前慕课平台的授课用语基本上都是英语，中文只出现在极少部分课程的字幕中，有利于学生在获取专业知识的同时，接触和学习纯正的英语。但是，这种语言运用方式也在一定程度上限制了慕课其他课程在我国更广泛地推广和普及。

慕课优势明显，但也存在很多不足，需要全面、客观地认识和研究，有效借鉴和引用慕课的优势资源及课程设计等优点，尤其是正处于慕课筹建阶段的应用型高校更应如此。各个高校要以慕课为契机，着力推广"线上+线下"的混合式教学模式，促使学校和教师改变传统的教学观念，正确认识在线教育的优势和意义，从而更深刻地领会高等教育的发展方向。

应用型高校要从理论、技术、创新应用和可持续发展等体系入手，全面、系统、深入地推进混合教学改革；充分借鉴慕课经验，构建更加开放的教育体系，深刻理解和贯彻自身职能。慕课也有助于高校进一步利用现代信息、新媒体、互联网等高新技术平台，更加全面深入地优化整合"线上+线下"教育模式，充分集聚和共享多方优势资源，更好地服务社会。应用型高校可借助慕课这一全球化资源平台，加强国际合作与交流，实施国际化协作办学策略，在互联网生态圈内不断深化高等教育改革，培养能力更强、综合素质更高的应用型人才。

4. 慕课教学模式的优势

随着慕课模式在全国高等教育领域的深化普及，其强调自主学习为主的教学理念在潜移默化中改变着高校的教学方式。慕课热潮的来袭有助于推动高等教育的内涵式发展，为社会培养应用型复合人才。相对于传统课堂教学模式和一般的网络课程，慕课主要具有以下优势：

（1）带来广泛、优质和模态化的资源。慕课的显著特征主要表现在三个方面：①大规模、开放性。慕课打破了常规教育的人数、时间和地域限制，学生不必严格根据课程时间安排到特定的实地课堂中接受教师传授知识，既支持学生随时随地随身学习，又支持大批量学生同时段学习，从一定程度上有效激发学生的学习热情和兴趣，能够更加积极主动地投入学习中；②资源透明性。慕课课程的学习内容全凭学生爱好与需求自主选择，可以在特定时间段内完成学习过程、提交随堂作业、参与知识考核，而且一切教学资源都是透明公开的，整个学习考核过程公平、公正，对所有学生一视同仁；③资源丰富性。慕课基于全球互联网平台搭建而成，汇聚世界范围内的各类优秀教学资源，信息庞大，内容丰富，学生简单注册账号以后，可以免费享用资源，足不出户就能享受到世界名师的指导。

慕课课程内容打破了传统学科限制，强调知识信息的综合性、实用性和普遍适用性，从各个领域的先进理论、实用性知识到各种生活健康常识等应有尽有。同时，有效实现各个高校之间的资源互通和互补，促进顶级高校资源向普通高校的共享流动，弥补我国高校资源分布不均的现状，更有利于人才综合素养的提高和高等教育的整体性发展。例如，普通高校可以通过注册北大慕课平台，获取其优秀的教学资源。慕课课程的大力开发，将极大改观现有教学观念和教学模式，极大地促进应用型高校的教学水平。

慕课课程的内容通常利用视频形式体现，由相关专业的教师团队经过反复斟酌、精心研究确立而成。大多数的视频主讲教师都是知名学校的顶尖教师，雄厚的师资力量确保了其课程内容设置更加合理，讲解质量更好，学生接受度更高。

慕课的课程设计有效利用模块形式，体现出各个课程的特色。把完整的知识体系按照内容分解成一批相对独立的小模块，让内容条理更加分明，且重点突出，一目了然，并借助10分钟的视频，将其具体表现出来，有效集中学生的学习注意力，帮助学生更好地理解和记忆知识。

（2）体现"以学生为中心"的教育理念

第一，兼顾不同学习能力。传统课堂教学着重强调教师的"教"，教师按照统一的课程内容和进度要求一对多地进行知识的讲授和传输，这种教学模式难以顾及每个学生的能力和需求。慕课则不同，学生可以自主选择与自身能力相符合的课程知识，自己安排学习计划和进程，还可以重复回放视频课程，反复学习知识难点和重点，进而提升学习效果。

第二，满足不同学习方式。慕课的学生用户可以利用特定的论坛、网站等平台，与教师和其他学生进行实时交流和互动，互帮互助，一起解决学习过程中遇到的困难和问题。同时，利用课程视频中的测试题、线上测试题、线下作业等方式检测学习效果，强化知识的理解和记忆；利用教材注释、虚拟实验室等辅助工具，随堂记录课程内容和学习心得，对需要做实验的课程进行在线模拟实验；利用教师、其他学生和自己的评价综合考虑学习结果，及时发现不足，有针对性地修改，从而不断提高学习效果。

第三，随时随地灵活选择。传统教学方式有严格的课程安排和时间、地点规定。慕课完全打破固化模式，课程时间比较灵活，且没有地域限制，学生可以根据自身需求自由规划学习时间，确保在相对良好的环境下完成学习。

5. 慕课教学模式的新发展

慕课教学实现了高水平大学教学资源受众的规模化和全球化，拓展了传统高等教育的知识传授链，同时，慕课教学模式具有小视频配合相应的即时在线测试开展课程教学，模板化的课程结构易于工程化复制等独特优势，可以预测慕课教育将对应用型高校整体办学水平、教学模式带来质的变化。

随着慕课的快速推进，给高校的课堂教学改革带来了新的机遇和挑战。要求管理者搭建更高效的资源共享平台促进课堂教学。教师需要重建课堂教学理念，确立新的教学目标，重新组织课堂教学过程并更加注重过程化、多元化的考核方式。与此同时，教师要做好由同一化培养到个性化培养的转变，由课堂教学到多平台教学的转变，由单行灌输到多向互动的转变，由人工教学管理方式向智能化教学管理方式的转变。

（1）创建有效平台，强化教学资源的共享。慕课是新近涌现出来的在线课程开发模式，发端于过去的发布资源、学习管理系统以及将学习管理系统与更多开放网络资源综合起来的旧有课程开发模式。慕课的定义决定了慕课的运作需要借助平台运行，而社会层面和学校层面两个平台很重要，两个平台的良好运作有助于促进优质教学资源在全社会范围内共享，有利于实现教学改革目标。

第一，搭建慕课平台。由于师资力量不同，普通高校和名校之间的差距越来越大。如何实现我国整体教育质量的提升是目前教育界的主要工作。开展慕课建设，推动课堂教学，可以实现区域高等教育水平的整体提升。搭建以慕课联盟为基础的学习平台，要摒弃以往资源共享会削弱自身教育实力的观念，在资源共享过程中不断增强教学优势的互补，以实现共建、共享的教育科学理念。

第二，加强校内网络平台建设。从目前来看，在各级政府投入和高校自身争取下，各高校分别建立了属于本地区高校的慕课平台，但是内部网络建设水平仍待提高。

一是，实现网络在线教学平台和数字化对接。现在，各高校内部具有网络化的财务缴费系统、图书馆信息系统、教务管理系统、网络教学平台系统等，由于这些系统分属于不同管理部门负责，相应的技术标准和公开程度不尽相同，学校加强网络在线教学平台和校内数字化平台的衔接，可以避免师生重复身份验证工作，促进各部门之间工作的相互协调。校内网平台应及时和校园数字化平台对接，形成信息共享，避免反复混乱，在统一体系平台下，学生和教师在完成身份认证以后，可以完全享受资源的服务与便利。

二是，当前教学平台应用范围还有待扩大。学校可以通过建设相应的教学平台激励政策，鼓励师生参与网络平台教学中。此外，学校应加强相关宣传，宣传网络在线学习平台的优势和平台使用说明，同时为学生网络在线学习提供便捷条件。例如，电子信息阅览室、校园内部实现网络全覆盖等便捷的网络条件，可以为教师和学生提供便利的网络学习条件，是高校现在有条件也应该达成的。

三是，慕课平台的管理需要完善。完善相关规章制度和管理办法，及时更新网络教学资源，做好网络教学平台管理的服务工作，保障网络信息安全。平台的管理需要完善的系统，新事物的出现需要新的管理为其服务。完善相关制度和管理办法，可以保障慕课平台的规范性，及时更新网络教学资源，有助于保持师生的积极性，而没有更新的网络资源会影响教师上传教学视频的积极性和学生学习的趣味性。实时更新教学资源，能够有效保持慕课平台的正常运行，最关键的是保证网络信息的安全，设立网络巡视制度，坚决杜绝网络不良信息在校内资源的传播。

（2）加强过程评价，重视实际的教学效果。在慕课时代下，高校在课程改革过程中应注重评价方式的多样化。

第一，重构课堂教学目标。慕课背景下，学习由于可以不受时间、地点限制，学生通过网络在线学习平台提升自主学习能力，实现教学目标。传统的教学课堂只是单纯地在课堂或者单一时间内把知识和技能教给学生，学生的长时记忆受到限制，不利于学生对知识和技能的消化。慕课背景下，翻转课堂成为可能，学生可以不受时间限制，课上不理解的内容可以在线上反复学习，教师的互动交流也成为可能，反过来学生在线上的学习也可以拿到课堂师生共同学习。

第二，重构课堂教学实施过程。课前预习、课堂讨论、课后深化成为慕课重构课堂的新模式。新的教学模式，需要教师备课，也需要与时俱进。学生成为课堂备课的主体，不同的学生、不同的在线状态都需要备课教师的思考，课堂的讨论需要教师准备充分的资料，课后的深化同样需要教师角色的转变。所以，网络教学是新事物，也是旧事物，无论课堂模式如何变化，最终需要学生学会学习。

第三，重构课堂教学评价模式。慕课背景下的课堂教学更加注重过程，教学过程是重点。学生的学不局限在几十分钟内，而是对知识的理解是否扎实，考查学生的理解需要更多元的方式，例如，可以借助网络进行日常作业或者网络研讨等。在新的教育教学方式背景下，教师应该在传统评价机制基础上融合创新，注重过程的评价，实现最终的学习成果。

（3）发挥慕课优势，促进课堂教学的转变。由于慕课解决了传统教学受时间、地点限制的问题，提升了学生的综合能力，教师要熟练掌握慕课的开发和管理，调整课堂教学知识结构，利用慕课资源。教学改革中要充分发挥慕课优势，实现教学方式的优势互补，促进教学质量提升，实现应用型人才培养目标。慕课教学需要实现以下三个方面的转变：

第一，人才培养方式转变。传统课堂教学模式是以班级为整体进行教学内容传授，忽略学生基础和学习能力差别，难以调动部分学生的学习积极性。慕课背景下，教师需要尊重学生的差异性，增强教学内容的针对性，重视激发学生学习的主动性，由教师被动地教学变成学生充满兴趣主动地接受新的知识。相对于传统的教学方式，慕课教学更侧重于学生个性化需求。

第二，课程教学方式的转变。传统课程教学方式较为单一，师生之间缺乏交流，慕课打破了时空限制，师生可以通过博客、微信等实现知识交流，丰富教学方式。无论是传统课堂还是新方式的网络课堂，师生的交流都占有重要角色，没有交流的课堂不是成功的课堂，线上课堂可以帮助学生更好地向教师请教。

第三，教学管理方式的转变。慕课教学平台的创设实现了有纸化向无纸化、人工化向智能化教学管理方式的转变，教材、笔记、作业等以电子资料形式呈现，考试可通过网络在线进行。此种环境下，教师要不断提高自身计算机应用能力，并实时更新教育方式和观念，促进学生综合素质提高，而作为学校的管理者，也需要积极与社会接轨、与时俱进，选择更先进的教学理念，更新既有的传统观念。

（4）推进课堂改革，提升教学管理的水平。教学管理者的角色应该由管理者向教学和课程服务转变。高校管理者应该充分发挥高校优质师资，为学生提供更加优质和差异性教学服务，同时为教师提供最便捷的网络应用服务。第一，利用学校互联网大数据对学生的学习进行差异性分析，为学生制定个性化教学方法，真正做到因人而异，因材施教；第二，多样化教学服务，充分利用互联网信息技术，通过学生端为学生提供更优质的教学服务、课题选择、教师选择、研究讨论等，通过个性化差异化的算法服务，真正高效有序地推进教学改革。

传统课堂能容纳的学生有限，但慕课可以涉及很多学生。在传统课堂教学模式中，大规模是极大的负担，但在慕课环境下，大规模却是一种教学资源。慕课的兴起是因为其有实体课堂没有的优势，如学习没有时空限制和门槛限制、没有班级人数限制、名师授课、以学生为中心的教学模式、科学的教学设计等。因此，慕课与实体课堂各有优势和不足，两者的结合是未来教育改革的方向。

（二）英语慕课教学模式的构建

1. 课前的知识传授

（1）大学英语教师应选择或制作合适的课程资源。大学英语教师要对英语单元教学目标与学生的特征进行必要分析，然后对知识点进行解构，进而再去选择课程资源，因为这样选择的资源会比较与教学目标与内容相一致。教师设置的微视频不能太长，时间控制在5~15分钟，这样的长度非常有利于学生集中注意力。在安排学生作业时，要保证作业的难度适中，太难会打击学生的学习积极性，太容易则不利于其问题思考能力的提高。

（2）学生自主观看慕课视频。教师向学生提供的慕课视频都比较短，且为了检验学生的学习成果，一般都会在课程中间穿插一些小测试，这样学生就能清楚地了解自己的学习状况。此外，时间不长的短视频能时刻保证学生有着较为集中的注意力，当其遇到问题时，其也能进行自主思考，这样就能加深其对知识点的了解与记忆。在学习英语慕课课程时，大学生学习的地方并不固定，只要有网络，大学生可以选择任意地点，可以是学校机房，也可以是宿舍；慕课课程学习的时间也不是固定的，学生可以充分利用自己的时间进行英语慕课课程学习。

（3）学生自主完成随堂测试。为了巩固学生观看慕课视频的学习成果，英语教师还要为学生设计好相应的测试题，布置合理的作业。在测试部分，教师应多为学生提供一些客观题，而测试的具体施行可由大学英语课程系统完成。当结果出来后，学生就能了解到自已知识点薄弱的地方，然后需要通过回看视频完成知识点的再次学习；在作业部分，教师应多为学生提供一些主观题，大学英语课程系统对学生进行随机分组，组内学生之间互相评价、点评，从而加深对重点知识的理解和深化。

（4）互动交流。利用大学英语教学平台提供的交流工具，学生不仅能够完成与本校师生的互动交流，而且还能完成与外界学习者的互动交流，这样学生的学习眼界得以开阔，发散性思维得以形成。教师在互动交流过程中发挥重要作用，教师需要发挥自身的社会临场感作用，不断提升学习者的凝聚力，加强他们的归属感，这样教师与学生、学生与学生之间就能实现良好的互动，学习者的学习也将会是一种快乐的学习。学生与教师进行互动，可让教师为自己答疑解惑，与其他同学进行互动，可学习到其他同伴的好的学习方法。

2. 课堂的知识内化

在课堂知识内化的教学环节中，英语教师主要采用的教学方法是任务驱动。该方法的形成以建构主义教学理论为依据，特点为教学的全过程都充满了各种各样的任务，教师在其中发挥主导作用，学生发挥主体作用，这一教学方法对学习者而言意义重大。

（1）教师补充讲授。英语教学平台上的视频不可能与教学目标达到一致，因此，英语教师在开展慕课英语教学时，必须结合英语教学目标，对教学内容做适当的补充。

（2）确定任务。英语教师不仅要考虑英语单元教学目标与重难点，还要考虑学生自主学习的能力与现状，在课前完成任务设计，任务不仅要具有挑战性，而且还要具有探究性。教师需要根据学生特点对其进行分组，每组人数可以控制在4~6人，组内成员一起讨论需要完成的任务。

（3）任务探究。小组内部通过对任务进行分析确立各自的任务。任务的分配与完成有两种情况：第一种情况是，如果任务所涉及的范围比较广，就可以将其进行分解，得到一些小任务，组员就可以单独负责一个任务；第二种情况是，如果任务并不好划分，那么，每一位组员都可以对任务进行整体探究，然后将探究的结果整合起来即可。第二种情况不仅能体现大学生学习的主体地位，而且还能培养大学生独立分析、思考与解决问题的能力。任务探究最重要的还是组内成员之间的协作探究，协作探究不仅能培养大学生的创新与批判思维，而且还能提高学生的沟通能力，增强凝聚力。

（4）成果展示。学生完成任务探究之后，还要进行成果汇报与展示，这时可以在组内推举一人进行汇报，也可以每位组员轮流进行汇报，具体采用哪种方法，可由各组商讨后决定。

（5）评价反馈。英语教学评价是由教师与学生共同完成的，评价内容不仅包括学生在进行英语慕课课程学习之前的自主学习情况,而且还包括学生在任务探究过程中的表现等。英语慕课课程评价的结果与传统英语课堂评价结果结合起来,就能更加全面地反映学生的英语学习情况以及教师的教学情况。

3. 课后的知识拓展

经过课前知识传授和课堂知识内化两个阶段的学习,学生基本上可以掌握大学英语基础理论知识,达到大学英语课程的基本学习目标。在通过英语教学平台上的相关技能与过关测试后,学生就会自动获得英语课程自主学习部门的相关学分。大学英语教师对学生的英语学习情况进行恰当点评之后,可选出比较优秀的学习成果在教学平台上向所有学生展示;还可以继续搜集更具挑战性的学习任务,鼓励学生超越自己,继续完成任务,这样学生的英语知识在得到巩固的同时也实现了拓展。

慕课最终目的是帮助学生将学到的知识更好地运用到生活实践中,从而培养出对社会真正有用的应用型人才。实践拓展是课堂教学的延伸和拓展,可以采用的形式有学习/研究成果分享、知识/技能竞赛、社会实践体验等。成果分享主要是学生个人或团体将自己的学习感悟、研究成果等内容利用短视频、论文等形式上传到网络上供社会检验和学习。在这一知识创新和再创造过程中,学生能够不断加深对知识的理解,培养实践技能。学校和教师通过开展一系列的竞赛、实验、实践等活动,将活动的优秀成果计入学分、加入学时等形式,激励学生积极参与,从而在实践中不断提升知识应用技能和创新能力。例如,对于外语类课程,可开展英语演讲比赛、英语情景剧比赛、担任兼职翻译等实践活动。

第四节 英语翻转课堂教学模式

翻转课堂是"互联网+"时代大学英语教学新模式,实现了以"学生为主体"[1]的全新教学理念。翻转课堂是对传统教学模式和教学方法的革新,通过知识传授与知识内化两个阶段的翻转,提高学生学习的主动性和学习效率;教师应把握翻转课堂的关键要素,准备富有创造力的教学资源和学习环境,组织多样化的课堂教学活动,通过学习分析为学生提供更有针对性的教学,充分发挥翻转课堂的优势。

一、翻转课堂教学模式的构建要素

第一,学习环境。翻转课堂需要由网络学习平台和学生学习终端组成的网络学习环境

---

[1] 吕宁."互联网+"背景下大学英语翻转课堂教学模式探微[J].金融理论与教学,2019(05):110.

的支持。网络学习平台主要提供教师个性化推送和学生自主性选择学习资源、学生学习和在线测试数据收集和分析、师生和生生互动交流信息等功能。这是实施翻转课堂教学最基础的环境。学习终端主要是支持学生的微视频学习、在线测试和网络交流等功能。

第二，学习分析。在翻转课堂实施过程中，教师需要利用学习分析技术，对学生在课前在线学习产生的大量学习数据进行解释和分析，有效分析判断学生的学习问题，评价学生的学习进展，甚至评价学生的批判性思维、协作交流能力和问题解决能力等，以帮助教师设计和调整教学内容和教学过程。例如，在学习过程中，教师发现某个环节或知识点被学生们反复点击的时候，要意识到这可能是一个对学生而言难以掌握的知识点，或者自己的讲解有问题，需要据此调整教学，重新录制视频。

第三，学习活动。课堂的学习活动是翻转课堂设计的核心部分。翻转课堂的有效实施需要建立在设计良好的学习活动的基础之上。在翻转课堂教学过程中，新知识的学习过程已经在课前完成，取代了传统课堂教学中的教师讲授新知识的模块，给师生留下了更多的课堂时间，如何利用好课堂时间组织教学活动，促进知识内容，是决定翻转课堂是不是成功的关键。目前提及翻转课堂，大部分人都是集中在如何制作教学视频上，但实际上比视频更为重要的是课堂活动的组织。

二、英语翻转课堂教学模式的运用

近年来，文化教育已经开始强调"文化知识"和"文化素养"，并且在教学实践中注重语言和文化并重。其中，文化的复杂性成为跨文化和语言教学的主要区别，这就要求教师在课堂上花费时间来解释文化知识。然而，在英语课堂上，很难训练和评估学生的跨文化意识和能力。为了解决这个问题，翻转课堂模式可以被运用，为学生提供足够的时间来理解和吸收知识。

首先，课前的知识准备非常关键。教师可以制作一个控制在 5~10 分钟的 PPT 演示文稿，并配以语音讲解。此外，教师还可以提供相关视频短片供学生在课前学习和讨论。学生可以通过微信、腾讯 QQ 等平台向教师或同学提问，以便更好地理解所学内容。

其次，课中的教学活动也至关重要。教师将语言知识和文化的讲解放在课堂学习的次要重点。通过形成性评估和各种互动活动，教师帮助学生吸收和理解文化知识。在这个过程中，教师的角色是组织、协调和答疑，并引发学生积极思考。为了帮助学生实践和展示活动任务，教师可以运用情景教学法或小组讨论等方法。

最后，课后的延伸学习起到不可或缺的作用。学生应该进行深入的思考和领会跨文化现象背后的历史文化背景和价值观。教师可以布置相关主题的实践和拓展任务，例如扩展阅读和专题写作。这样的任务有助于学生增强语言综合应用能力和跨文化交际能力。教师可以进行点评或组员之间进行互评，以促进学生的进一步发展。

通过以上措施，大学英语翻转课堂教学可以更好地应用文化相关内容。教师可以通过课前的知识准备，提供学习材料和平台供学生提问；在课堂上，通过形成性评估和互动活动帮助学生吸收和理解文化知识；而在课后，延伸学习可以加深学生对跨文化现象的理解，同时提高他们的语言应用能力和跨文化交际能力。这样的教学方法将为学生提供更广阔的视野，培养出更具有全球意识和跨文化素养的人才。

第五节 英语线上线下混合式教学模式

一、英语线上线下混合式教学模式构建前的准备

教学活动的目标是培养学生多方面的能力，其中包括信息处理技能、解决问题的能力、创造能力、学习能力、批判性思维能力以及社会交流与协作能力。为了实现这些目标，教师需要在教学中划分知识，并根据不同的知识和信息技术采用不同的整合方法。在教授基础知识时，教师可以借助网络教学平台上的优质资源，以加深学生对知识的理解和掌握。这些资源可以包括与课程内容相关的教学视频、课件、文献资料等。通过引入多样化的资源，学生可以从不同角度和多种方式来学习和理解知识。

而在应用知识方面，网络教学可以发挥主要作用。通过使用 BBS（网络讨论板）或小组讨论等形式，学生可以应用所学知识，并与教师或其他同学进行教学交流。这种交互式的学习方式有助于检测学生对知识的运用效果，并提供及时的反馈和指导。为了支持这样的教学模式，学校应建设线上平台，提供丰富的学习资源。这些资源可以包括导学材料、案例故事视频、在线自测和辅导课内容等。导学材料可以介绍课程的内容、教学方法、学习方法和考试形式，帮助学生对学习过程进行规划和预习。案例故事视频则以灵活可下载的方式呈现与考试相关、重要和新颖的案例，激发学生的兴趣并提供实际应用的示范。在线自测将重点、难点和考点转化成问题进行强调，帮助学生检验和巩固所学知识。而辅导课内容则包括上课的课件，供学生反复观看和学习。

二、英语线上线下混合式教学模式构建的内容组织

第一，指导学生使用学习资源。基于信息技术的教学，改变了学生的学习方式，还要

把对信息技术及资源的学习和应用考虑其中。对于开放大学学生而言，学习资源包括教科书和网上资源。对各类学习资源的使用，仍应充分发挥线下教学与线上教学的作用。教科书的指导和使用一般主要通过面授课完成，班级自建资源中的导学资源给予辅助。

  第二，恰当合理选择教学策略。教学策略是为了达成教学目的，完成教学任务，而对教学活动清晰认识的基础上对教学活动进行调节和控制的一系列执行过程。恰当选择教学策略对教师有挑战性，开放大学的对象是成人，在教学过程中会有突发情况的发生，教师要想恰当选择教学策略，就必须及时把握教学过程中的各种信息，及时反馈和调整教学的进程及师生互动的方式。教学策略有多种，没有一种适应任何情况的教学策略，要根据实际情况灵活应用。

  第三，组织开展学生小组讨论。建构主义强调有组织的协作会话，对于线上教学，组织性尤为重要，是信息技术与课程教学互动性双向整合向更高层面发展的关键。

第五章　英语教学的创新实践

第一节　英语个性化教学研究

　　英语个性化教学研究是针对学生的个体差异，以满足他们的学习需求和提高英语学习效果为目标的一项教学方法。随着教育理念的不断演变和科技的迅猛发展，个性化教学在英语教育领域越来越受到关注。在传统的教学模式中，教师通常采用统一的教学方法和教材，忽视了学生个体差异的存在。然而，每个学生的学习风格、兴趣爱好、学习能力都各不相同，因此，个性化教学的出现填补了这一教育空白。它致力于根据学生的特点和需求，量身定制适合他们的学习计划和教学内容，以提高学习效果和学习动机。

　　个性化教学的核心是关注学生的个体差异。通过了解学生的学习风格和特点，教师可以采用不同的教学策略和方法，帮助他们更好地理解和掌握英语知识。例如，对于喜欢视觉学习的学生，教师可以通过图表、图像和多媒体资料等视觉化工具提供教学内容；对于喜欢听觉学习的学生，教师可以使用录音和音频材料来强化听力技能。此外，教师还可以根据学生的兴趣爱好和学习动机设计相关的教学活动，激发他们的学习兴趣和积极性。

　　个性化教学还可以通过技术手段来实现。随着信息技术的不断进步，教育领域涌现出各种个性化教学软件和在线学习平台，如智能化教学系统、个性化学习管理系统等。这些工具可以根据学生的学习表现和反馈数据，提供个性化的学习资源和建议，帮助学生更高效地学习。同时，学生也可以通过这些平台进行自主学习和自我评估，提高学习效果。

　　个性化教学研究不仅关注学生的个体差异，也注重培养学生的综合能力。传统的教学模式注重知识的传授和记忆，而个性化教学更注重学生的能力培养和素质发展。在个性化教学中，教师通过引导学生进行自主学习、合作学习和问题解决等活动，培养学生的创新思维、批判思维和合作精神，提高他们的综合能力和解决实际问题的能力。然而，个性化教学也面临一些挑战和难题。首先，个性化教学需要教师具备深厚的教学经验和专业知识，能够准确判断学生的需求并灵活调整教学策略；其次，个性化教学需要大量的教学资源和时间成本，这对于资源匮乏的学校和教师来说可能是一个挑战。此外，个性化教学还需要建立有效的评估机制，以评估学生的学习成果和教学效果。

综上所述，英语个性化教学研究是一项重要的教育领域研究。它关注学生的个体差异，通过量身定制的教学方法和教学内容，提高学生的学习效果和学习动机。个性化教学不仅关注学生的知识传授，更注重培养学生的综合能力和素质发展。尽管面临一些挑战，但个性化教学的发展和应用将为英语教育带来新的机遇和挑战，助力学生实现个人发展和成长。

第二节　创客教育理念下的英语教学实践

一、创客教育理念解读

创客教育理念是一种强调学生主动参与、实践和创造的教育理念。它旨在培养学生的创新思维、问题解决能力和实践技能，以应对现代社会中的挑战和需求。

第一，创客教育强调学生的主体地位，鼓励他们积极参与学习过程，并将学习与实践相结合。传统教育往往侧重于传授知识，而创客教育更注重学生的实践和创造。学生通过实际动手制作、设计和解决问题的活动，探索和发现知识，培养解决实际问题的能力。

第二，创客教育鼓励学生进行跨学科学习和合作学习。学生在创客项目中往往需要综合运用多个学科的知识和技能，如科学、技术、工程、艺术和数学（STEAM）。通过合作学习，学生可以与同伴分享和交流想法，共同解决问题，培养团队合作和沟通能力。

第三，创客教育注重学生的实践和实际应用。学生通过实际制作和创造，将理论知识转化为实际技能和成果。他们可以利用各种工具和技术，如3D打印、编程、电子制作等，进行创造性的实践活动。这种实践性的学习方式能够激发学生的创造力和创新思维。

第四，创客教育还强调学生的自主学习和自主发展。学生在创客项目中有更多的自主权和选择权，可以根据自己的兴趣和需求来选择项目和探索方向。这种自主学习的方式能够激发学生的学习兴趣和主动性，培养他们的自主学习能力和自我管理能力。

第五，创客教育理念的实施需要教师的引导和支持。教师在创客教育中扮演着导师和指导者的角色，引导学生进行项目设计、技术操作和问题解决。教师需要提供相应的资源和指导，帮助学生克服困难和挑战，同时激发他们的创新潜能。

总而言之，创客教育理念强调学生的主体地位、实践和创造，培养学生的创新能力和实践技能。通过跨学科学习、合作学习、实践应用和自主学习，创客教育为学生提供了一个积极、灵活和创造性的学习环境，培养他们成为具有创新精神和解决问题能力的终身学习者。

二、创客教育理念在英语教学中的应用

第一，创客教育通过虚拟化的教学情境和创客空间的建设优化英语教学环境，结合情景学习和构造论教育理念，提升学生的口语交际水平。创客教育为英语教学带来了革命性的改变。通过创造虚拟化的教学情境和建设创客空间，学生可以在沉浸式的环境中学习英语。这种教学方式结合了情景学习和构造论教育理念，使学生能够更好地融入语言学习中。学生可以通过参与真实情景的模拟，例如模拟购物、旅行或商务谈判等，提高他们的口语交际能力。创客教育为学生提供了一个创新和积极参与的学习环境，使他们能够更快地适应和运用英语。

第二，创新英语教学手段和活动，如综合运用多种教学工具和多样化的教学活动，降低学生的学习焦虑，提升他们的英语思维和语言应用能力。为了帮助学生更好地学习英语，创新的教学手段和活动被引入到英语教学中。教师通过综合运用多种教学工具，如语音识别技术、多媒体教学软件和在线学习平台，帮助学生更好地理解和掌握英语知识。此外，多样化的教学活动也能够激发学生的学习兴趣和参与度，例如角色扮演、小组合作和实地考察等。通过这些创新的教学手段和活动，学生的学习焦虑得到降低，他们的英语思维和语言应用能力也得到了提升。

第三，强调教学互动和双向交流，利用创客工具和多样化的教学模式，培养学生创造力和创新力，提高语言互动性，促进学生的语言学习效果。创客教育注重教学的互动性和双向交流。教师利用创客工具和多样化的教学模式，鼓励学生积极参与课堂互动。学生被鼓励提出问题、表达观点，并与教师和其他同学展开讨论和交流，这种互动和交流的方式培养了学生的创造力和创新力，激发他们独立思考和解决问题的能力。同时，教师还通过创客教育的方法提高了语言互动性，让学生更主动地运用英语进行交流和表达。这种强调教学互动和双向交流的教学模式有助于促进学生的语言学习效果。

第四，教师可以结合创客教育理念创新英语教学模式，改变学生的学习方式，逐步改革评价体制，提升英语教学质量。教师在英语教学中可以运用创客教育理念来创新教学模式。他们可以采用更具创造性和互动性的教学方法，如项目驱动学习和任务型教学，以激

发学生的学习兴趣和动力。教师还可以鼓励学生进行实践性的学习和实际项目的开展，让学生能够将所学知识应用到实际场景中去。

此外，教师还可以逐步改革评价体制，从传统的单一考试评价转向更加综合和多样化的评价方式。例如，可以引入口语表达能力的考核、项目成果展示和团队合作评估等。这样的改革将更全面地评估学生的英语能力和综合素养，提高英语教学的质量。

第三节 信息技术与英语教学的整合实践

一、信息技术与英语教学整合的重点

随着社会经济的发展和科学技术的进步，人类进入了信息社会的发展阶段。信息社会的来临，对教育教学提出了新的人才培养目标和挑战，也为教育的发展提供了新的机遇和有利条件。近年来，随着计算机、多媒体和互联网教育应用的飞速发展，高等教育的内容和形式发生了重大的变革，大学英语教学的内容和模式也随之发生了很大改变。为了适应新形势下人才培养的需要，我国高等院校积极开展了大学英语教学的改革。在这一改革中，我们应该重视确立新型的大学英语教学模式。这个新的教学模式应以现代信息技术，特别是网络技术为支撑，使英语的教与学能够在一定程度上摆脱时间和地点的限制，朝着个性化和自主学习的方向发展。同时，我们也需要改进以教师讲授为主的单一教学模式。在引入现代信息技术的同时，我们要合理继承传统教学模式中的优秀部分，并发挥传统课堂教学的优势。传统教学模式中，教师能够直接面对学生，及时解答他们的疑问，提供针对性的指导。这种面对面的互动可以激发学生的学习兴趣，帮助他们更好地理解和掌握英语知识。

由于计算机、多媒体和互联网的普及，可获得的教学资源越来越丰富，现代信息技术应用在教育和教学领域的重要性日益为人们所认识。信息技术与课程整合是教育教学改革的一个新途径，与学科教学有着密切的联系和继承性，又是具有相对独立性特点的新型教学模式类型。信息技术与课程整合，不是把信息技术仅作为辅助"教"或辅助"学"的工具，而是强调要把信息技术作为促进学生自主学习的认知工具和情感激励工具，利用信息技术所提供的自主探索、多重交互、合作学习、资源共享等学习环境，把学生的主动性、积极性充分调动起来，使学生的创新思维与实践能力在整合过程中得到有效的锻炼，这正是创新人才培养所需要的。由此可见，"信息技术与课程整合是改变传统教学模式、

实施创新人才培养的一条有效途径"[1]，也是教育改革的趋势与潮流。

（一）信息技术与英语教学整合的条件

信息技术与大学英语教学整合是需要条件的，要在以多媒体和网络为基础的信息化环境中实施。它不同于过去研究的视听技术支持下的多种媒体在教学过程中优化组合应用的整合，而是学与教的活动要在信息化环境中进行，包括多媒体计算机、多媒体课堂网络、校园网络和互联网络等。当然，不应是为了用技术而用技术，而应在现有的条件下，充分发挥信息技术的优势为学生创造出理想的学习环境，促进教学方式、学习方式和教学结构等的转变。信息技术与大学英语教学整合的条件如下：

1. 语言学习环境自然与真实

多媒体技术能够将文字、声音、图形和动态图像有机地集成在一起，通过多种感官的刺激提供更真实、自然的语言输入。这样的语言教学方式不仅能够增加学生对语言的理解和记忆，还能提高学生的语感和表达能力。此外，多媒体技术与网络的结合还能创造丰富、自然的目标语环境，例如，通过网络视频或虚拟现实技术，让学生仿佛置身于真实的语言环境中，与母语人士进行实时对话或情境交流。这种真实环境的学习和挑战性的学习任务能够促使学生从被动型的学习态度转向主动型，激发他们的学习兴趣和动力。

2. 丰富资源有利于自主学习

多媒体技术与网络为学生提供了丰富的资源和自主学习机会。学生可以通过多媒体计算机和网络获取更多的信息，探索各种学习资源，例如电子书籍、学术论文、语料库和学习网站等。他们可以根据自身的兴趣和学习需求进行选择和学习，自主掌握知识。同时，交互式软件也为学生提供了语音、听力、词汇、阅读和写作等多种语言技能的练习平台。这种个性化的学习方式不仅扩大了课堂信息容量，增加了学习的广度、密度和深度，还有利于因材施教和个别化的教学。学生可以根据自身的学习进展和需求，进行自主的练习和巩固，提高学习效果。

3. 素质教育得到了更好体现

多媒体技术的应用也体现了素质教育的理念。计算机和网络在英语教学中提供真实、自然的语言学习环境，使学生能够感受和体验到特定的语境和标准的语音、语调，从而提高他们的跨文化交际能力。学生通过与同伴的直接交流和创造性思维，能够将所学知识应

---

[1] 魏琴. 信息化背景下大学英语教学研究 [M]. 长春：吉林人民出版社，2020：68.

用于解决实际问题，培养实际运用语言的能力。此外，计算机和网络还能综合培养学生的听、说、读、写和译等方面的能力，通过多种学习活动和任务，全面提高学生的素质水平。例如，学生可以通过观看英语电影或听取真实的英语新闻来提高听力能力，通过与他人进行实时对话来提高口语表达能力，通过阅读英语原版书籍来提高阅读理解能力，通过写作和翻译练习来提高写作和翻译能力，等等。

（二）信息技术与英语教学整合的关键

教育体制中，信息技术和大学英语教学的整合已经逐渐成为一种趋势。然而，这种整合并不仅仅是把信息技术作为教学工具，而是要将信息技术应用于创造出一个理想的教学环境中。这种整合旨在建立一种新型的教学结构，其中，教师、学生、信息技术和教学资源进行有机融合和持续互动，打造出教师主导、学生主体的新型教学结构。这种整合的关键在于创造一个学生主体地位的、具有"自主、探究和合作"的特点的学习方式，进而推动外语教学向更好的方向发展。这种整合要求通过建立新的师生关系、学生关系和学习工具来创造更多的学习、实践和思考机会。学生需要以教师为引导，发现和利用当前的信息和资源，并将所学知识和技能应用于解决较为复杂和真实情景中的"开口"和"对话"。这样，学生才能真正地参与到教学过程中，做到"为用而学，在用中学，学了就用"。信息技术与大学英语教学的整合已经成为教育改革的重要领域，通过建立新型的教学结构，使教学成为一种动态、有趣的过程，能够最大限度地挖掘学生的潜力和应对新型教育需求，让学生在积极的学习、实践和创新中成长，以支持未来的竞争力。

二、信息技术与英语教学的课内外整合

信息技术与课程整合的教学模式可分为"课内整合教学模式"和"课外整合教学模式"。具体从以下方面探讨：

（一）信息技术与英语教学的课内整合

"课内整合教学模式"包括多种类型，如自主探究、协作学习、演示、讲授、讨论、辩论、角色扮演等。探究式教学模式是其中的一种，它要求学生在教师指导下，通过自主学习、深入探究和小组合作交流来探索当前教学内容的主要知识点，以满足课程标准中的认知目标与情感目标要求。

探究式教学模式的基本特征是教师发挥主导作用，同时充分尊重学生的主体地位。在信息技术对大学英语教学的课内整合中，探究式教学模式具有重要影响。下面将对探究式

教学模式进行分析，讨论信息技术与大学英语教学的课内整合及实现途径。

1. 建构主义理念下探究式教学模式

基于建构主义理论的探究式教学过程以学生为主体、以学生发展为本、以教师为主导，无论是对教师还是对学生，都提出了更高的要求。这就要求学生必须保证课后的时间及精力投入。建构主义教学理念强调情景学习，目的之一就是让学生融入学习的情景中，主动观察、模仿情景中所隐含的知识与技能，进而培养独立思考的能力，以解决实际面临的各项问题。在建构主义理念下，作为探究问题的学习者要有一个由"边缘"到"核心"的转变，这个过程就是学生自主能力提升的过程，符合情景学习理论的边缘参与规则。探究式教学要求学生勤于思考、发表独创见解、有创新精神，要求学生课后不断反思，迫使学生形成反思能力，形成科学的学习方法。

2. 英语探究式教学模式的实施步骤

认知目标涉及与学科相关的知识、概念、原理与能力的理解和掌握；情感目标则涉及感情、态度、价值观与思想品德的培养。在实施信息技术与课程深层次整合的过程中，各学科知识与能力（如阅读、写作、计算、看图、识图、实验以及上机操作等能力）的培养，以及健康情感、正确价值观与优秀思想品德的形成，都可通过探究式教学模式逐步落实。

探究式教学模式是一种以学生为主体、通过创设情景、启发思考、自主学习与探究、协作交流和总结提高等步骤促进学生主动参与和深入思考的教学方法。下面将详细扩展每个步骤，以探究式教学模式提升英语教学质量。在大学英语教学中，探究式教学模式的实施通常包含以下五个实施步骤：

（1）创设情景：在探究式教学中，教师通过创设情景来激发学生的学习动机和探究兴趣。教师可以采用一系列的教学策略，如提出问题、播放相关视频、引入案例、进行演示或角色扮演等方式，将学习主题与学生的日常生活和实际情境相连接。这样的情景设置可以帮助学生更好地理解和应用所学的英语知识，增强他们的学习动力。

（2）启发思考：在探究式教学中，教师提出富有启发性、覆盖当前教学知识点的问题，旨在引导学生主动思考并形成初步的探究方案。这些问题应具有一定的开放性和挑战性，避免给出明显的答案或明知故问的问题。通过启发思考，学生可以培养批判性思维和问题解决能力，激发他们对知识的探索和深入思考。

（3）自主学习与自主探究：探究式教学鼓励学生进行自主学习与探究，培养他们主动获取知识的能力。学生利用教师提供的认知工具、学习资源或其他获取的工具，围绕教师提出的问题展开自主探究。这包括信息收集、分析、加工、评价和自主建构知识意义的过程。通过自主学习与探究，学生能够积极参与学习，培养独立思考和自主学习的能力，更深入地理解和掌握英语知识。

（4）协作交流：在探究式教学中，教师组织学生进行小组或班级内的协作交流，以促进学生之间的合作和共享。学生可以共享学习资源和成果，深化对当前所学知识的认识与理解。教师为学生提供协作交流工具和适时的指导，引导学生进行有效的合作和交流。通过协作交流，学生可以相互借鉴和补充，提升学习效果，并培养团队合作和沟通能力。

（5）总结提高：在探究式教学的最后阶段，师生共同总结学生经过自主探究和协作交流后对当前所学知识的不足之处。这涉及讨论、反思、自我评价和相互评价等活动。通过总结提高，学生能够更全面、深刻地达到教学目标，掌握学习方法和拓展应用知识。教师在这个过程中起到引导和促进的作用，帮助学生反思学习过程和结果，以便更好地提升英语学习的质量和效果。

（二）信息技术与英语教学的课外整合

信息技术的迅速发展，直接影响着传统的大学英语教学模式，也直接影响着信息技术与大学英语课程的课外整合教学模式。为此，进一步探讨信息技术与大学英语课程的课外整合模式——研究性学习教学模式的意义重大。

1. 建构主义理念下研究式学习教学模式

建构主义提倡在教师指导下的、以学习者为中心的自主学习，此种学习既强调学习者的认知主体作用，又不忽视教师的指导作用。教师是意义建构的帮助者和促进者，而不是知识的传授者与灌输者；学生不再是外部刺激的被动接受者或被灌输的对象，而是对信息实施加工处理的主体，是意义建构者。建构主义提倡在教与学的过程中用系统分析、共时方法和深层阐释去分析和解决问题，旨在用"全新科学模式"取代传统的教与学的方法，注重用辩证的方法进行教与学。

（1）"研究式学习"的特点。研究式学习的特征主要包括：一是强调学习的自主性。研究式学习强调学生的自主学习，学生通过自主学习来激励自己；二是强调学习的交互性。交互性体现为师生之间学生之间的互动，教师和学生在互动中共同完成学习任务和学习内容的建构；三是强调学习的开放性。研究式学习把学生置于动态、开放、主动、多元的学习环境中，打破了封闭式的学习状态，鼓励学生走出课堂，步入社会；四是注重学习的实践性。研究式学习以学生的直接经验为基础，以丰富学生的直接经验为归宿，让学生自己动手实践，在实践中学习，在学习中实践；五是注重过程及学生的体验。研究式学习注重研究的过程，注重学生的意识、精神、创造性的培养；六是强调师生间的平等。研究式学习要求教师为学生创设轻松、融洽和愉悦的学习环境，使学生在学习过程中获得一个发现世界、探索世界的宽松环境让他们主动思考，勇于问，敢于想，善于做；七是促进创造性与潜在性的统一。研究式学习是一个能动的创造性的学习活动，能够极大地激发教师和学生的创造热情，调动他们的积极性和主动性。研究式学习是具有主观能动性和创造性的学习，它能够帮助学生形成发散性思维，激发教师和学生的创造热情及学习的积极性和主动性。

（2）"研究式学习"的内容。研究式学习是学生在教师指导下，从自然、社会或生活中选择、确定专题进行研究。在研究过程中学生主动实施获取知识、应用知识、解决问题的学习活动。研究式学习是以问题为载体，以小组合作为形式，在活动过程中创设一种类似于科学研究的情景，让学生通过自己收集、分析和处理信息，感受和体验知识产生和形成的过程，培养学生发现问题、分析问题、解决问题的能力。作为一种学习模式，研究式学习不同于接受式学习，它具有自主性、交互性、实践性、开放性等特征。设置研究式学习的目的在于改变学生以单纯地接受教师传授知识为主的学习方式，为学生构建开放的学习环境，提供更多获取知识的途径，鼓励学生将学到的知识进行整合、消化、吸收，最终应用于客观实践。在此过程中，教师还要注重培养学生的创新精神和实施能力。

2. 研究式学习教学模式下的英语教学

研究式学习教学模式下的英语教学需要注意以下三方面：

（1）教学观念转变与教师角色定位。研究式学习教学模式与传统的以教师为中心的教学模式有很大不同，其强调以学生为中心，提倡学生在教师指导下的自主学习。要改变学生的学习方式，就要求教师的教育观念和教学行为必须转变，这是开展研究式学习的前提。为此，教师需要重新调整自己的角色，与学生建立平等的关系，为学生创设宽松、自由、民主、协作的学习环境，这是取得良好学习效果的保证。教师要把学生置于学习的主体地位，树立服务于学生的意识，创设能够引导学生主动参与的学习环境，激发学生的学习积极性。教师在备课过程中也应该时时想着学生，从学生的水平、视角出发设计问题，引导学生开展学习研究。研究式学习对教师备课质量、内容要求更高，教师备课的重点是"备学生"而不是"备书本"。

（2）教学机制与学习资源配套建设。研究式学习教学模式的推广和完善是一个系统工程，这一教学模式的确立不但需要任课教师的参与和投入，也需要学校其他管理部门的支持和配合。从课程体系的角度看，开展研究式学习要以研究式课程体系的确立为前提，因为研究式课程是研究式学习方式的载体。确立课程体系要明确研究式学习的首要目标是培养学生的创新意识和自主学习能力，强调知识学习的综合性、过程性、创新性和应用性。此外，信息化的教学需要现代科技的支持，而校园网络、多媒体和计算机系统等硬件学习条件的创造，需要学校教学管理部门的配合与支持。要积极倡导和鼓励教师开展跨学科学习，提高教师的教学科研水平与综合素养，以适应研究式学习过程中不断出现的新需求，使教师能够在教学中为每一位学习者提供科学正确的引导和帮助。

(3) 学生的中心地位与自主学习。为了确保研究式学习的顺利进行，教师在教学中要做到以学生为中心，不断提高学生自主学习的能力，对学生有全面细致的了解，这样才能在学习过程中从各个层面为学生提供细致入微的引导和帮助，对学生的研究式学习给予充分的支持。以学生为中心还体现在每个学生在学习过程中受到关注与帮助的多少。研究式学习方式适合于小班授课。如果班级过大，学生数量过多，就难以保证每个学生都有平等的机会参与到同一个教学内容的全部探究过程，容易在学生中形成"中心"和"边缘"地带。这是因为学生的语言和知识水平存在差异，好学生在学习中会表现得更加积极主动，这势必会造成水平较低、性格内向的学生成为研究式学习中的"看客"，使他们在研究式学习中被"边缘化"。如果把班级人数控制在合理的范围，这一不良后果就可能会避免。

第四节　媒体融合视角下的英语教学实践

　　媒体融合视角下的英语教学实践是指在教学过程中充分利用各种媒体资源和技术手段，以提升英语教学的效果和学生的学习体验。以下将从几个关键点展开，阐述媒体融合视角下的英语教学实践。

　　第一，多媒体教学资源的应用：媒体融合视角下，教师可以利用多媒体资源，如图像、音频、视频等，丰富英语教学内容。通过展示精美的图片、播放地道的语音和视频材料，教师能够帮助学生更好地理解和掌握英语知识。这样的教学资源可以激发学生的兴趣，提高他们的参与度和注意力，并促进口语交际和听力理解能力的培养。

　　第二，远程教学与在线学习：媒体融合视角下的英语教学实践可以利用远程教学和在线学习平台，克服时间和地域的限制。通过视频会议、网络课堂等方式，教师可以与学生进行实时互动和教学。学生可以在任何时间、任何地点进行学习，通过在线资源获取学习材料，完成作业和练习，与教师和同学进行交流和合作。这种灵活的学习方式提供了更多个性化和自主学习的机会，促进学生在英语学习中的积极参与和自主发展。

第三，互动式学习环境的构建：媒体融合视角下的英语教学实践注重创造互动式的学习环境。教师可以利用各种互动工具和平台，如在线讨论板、即时消息工具、社交媒体等，促进学生之间的交流和合作。学生可以通过在线互动讨论、语音和视频交流等方式，分享观点、解答问题，共同解决学习中遇到的困难。这种互动式学习环境能够培养学生的沟通能力、合作精神和团队意识，促进英语学习效果的提升。

第四，游戏化教学和虚拟现实技术的运用：媒体融合视角下的英语教学实践可以运用游戏化教学和虚拟现实技术，提供更具趣味性和互动性的学习体验。通过开发英语学习游戏、设计虚拟实境等，教师可以将学习过程变得更加生动有趣。学生可以通过游戏的方式进行单词记忆、语法练习等，增强学习的积极性和主动性。虚拟现实技术可以模拟真实语境，提供身临其境的学习体验，帮助学生更好地理解和应用英语知识。

第五，个性化学习和自主学习支持：媒体融合视角下的英语教学实践可以提供个性化学习和自主学习的支持。通过学习管理系统、智能学习软件等，教师可以根据学生的学习需求和兴趣，提供量身定制的学习资源和学习路径。学生可以根据自己的学习进度和风格，选择适合自己的学习内容和方式。

综上所述，媒体融合视角下的英语教学实践通过多媒体教学资源的应用、远程教学与在线学习、互动式学习环境的构建、游戏化教学和虚拟现实技术的运用，以及个性化学习和自主学习支持，为学生提供了更丰富、灵活和互动的学习体验。这种教学模式能够激发学生的学习兴趣和积极性，促进他们在英语学习中的全面发展和能力提升。

第六章　英语教学中的多元化应用研究

第一节　英语教学中多元智能理论的应用研究

一、多元智能理论的认知

1983年，霍华德·加德纳教授在《智能的结构》一书中首次提出了多元智能理论（MI理论），这一理论在传统智商理论只承认人类单一智能的背景下备受瞩目。MI理论认为每个人都具备八种或更多的智能，可以用这些智能完成不同类型的任务。加德纳教授认为智能是一种信息加工的生理心理潜能，在某种文化背景下，会被激活以解决问题或创建该文化所珍视的产品。

八种人类智能可以归纳为语言智能、逻辑数学智能、音乐智能、身体运动智能、空间智能、人际智能、自我认知智能以及自然观察智能。语言智能是指使用语言进行交流、表达和理解的能力，逻辑数学智能是指进行分析、推量和解决问题的能力。音乐智能是指感知、演奏和创作音乐的能力，身体运动智能是指进行身体协调和控制的能力。空间智能是指感知、理解和操作空间的能力，人际智能是指理解和与他人建立联系的能力，自我认知智能是指理解自己的情绪和内心体验的能力，自然观察智能是指感知、理解和操作自然事物的能力。MI理论的影响不仅限于教育领域，还涉及招聘、领导力和人际交往。MI理论已成为促进学习、培训和人类发展的重要理论之一。

二、英语教学中多元智能理论应用的意义与启示

（1）MI理论本身无法创造某种社会或文化所珍视的产品，但是在教育背景下，MI理论在教育中的应用是为了关注不同智能和智能发展阶段，从而为教育公平提供理论依据。

根据 MI 理论，每个学生都有不同的智能类型，这些类型都同等重要。因此，教师在教学过程中应该重视学生的差异，以满足不同智能类型的需求。这意味着教师需要采用多样化的教学策略，以确保每个学生都能得到充分的学习机会。

（2）充分利用和发挥学生的优势智能。任何教师都至少会有一名学生曾经使他们感到惊奇，这名学生以一种特殊的方式解决某一问题或者表明他/她理解了某些内容。每个学生都有独特的智能组合，其中某些智能可能比其他智能更为突出。教师应该重点关注学生的优势智能，并努力克服弱势智能的影响，帮助学生找到适合他们个体发展的道路。通过这种方式，教师能够激发学生的潜能，提高他们的学习动力和成就。

（3）改变教学策略而不改变评价方法和手段，无法使 MI 理论在教学中充分发挥作用。我们强调注重培养学生的实际能力，但是另一方面又在以传统的评估手段和方法来评价学生的进步，这是与教学应用实践相矛盾的。教学评价也需要与之相适应地改变，传统的以考试为主导的评价方式并不能真实地评价学生在不同实际情境下的能力和发展。因此，教学评价应该采用多种方法，结合课堂观察、档案袋等不同评价方式，以形成性评价和终结性评价相结合的评价体系。形成性评价可以帮助教师了解学生在学习过程中的进展，并及时调整教学策略。而终结性评价则可以对学生的综合能力进行全面评估，这样的评价体系能够更好地发挥评价的作用，促进学生的全面发展。

第二节　英语教学中任务型语言教学法的应用

大学英语是高校学生的一门重要课程。尤其是针对英语专业的学生来说，培养他们良好的英语能力，不断提高他们的英语水平，不仅有利于他们今后的工作开展，同时能够推动他们进行专业研究。因此，"当前英语教师的重要任务就是对我国大学英语的教学模式进行不断创新，积极有效地应用任务型语言教学法开展教学"[①]。

一、任务型语言教学法的认知

任务型语言教学法是一种以学习任务为基础的语言教学方法。与传统按照语言项目顺序进行教学的方式不同，任务型语言教学法着重于学习任务的设计和完成。这种教学法的特点有以下四方面：

---

① 周莉，刘殿刚．任务型语言教学法在大学英语教学中的实践应用 [J]．中国教育学刊，2015（S1）：73．

第一，任务型语言教学法强调教师的主导作用。在任务型语言教学中，教师不仅仅是知识的传授者，更是学生学习的引导者和指导者。教师通过设定明确的学习任务，指导学生完成任务，并及时给予反馈和指导，帮助学生提高语言能力。

第二，任务型语言教学法注重学生的参与和互动。这种教学方法为学生提供了丰富的参与和互动的机会。学生在完成任务的过程中需要与教师和其他同学进行合作和交流，通过互动来发展语言能力，并培养良好的语言应用潜力。

第三，任务型语言教学法强调实用性。它着重将语言应用于真实的交际环境中，使学生能够学以致用。学生通过任务完成，能够锻炼语言交际能力，掌握实际运用语言的技巧和策略，使语言学习更具实际意义。

第四，任务型语言教学法具有明确的目标性。通过设定具体的学习任务，这种教学法帮助学生明确学习目标，激发学生的学习动机，并积极主动地运用所学的语言。学生在任务型语言教学中通过实际操作和实践，不断提高语言的实际运用能力。

综上所述，任务型语言教学法通过任务的设定和完成，强调教师的主导作用，促使学生积极参与互动，提供实用性和目标性的教学环境，培养学生的语言能力和交际能力，使他们能够自如地运用所学的语言于实际生活中。这种教学法注重学生的主动参与和实际运用，帮助他们更好地掌握语言技能，并培养终身学习的能力。

二、英语教学中应用任务型语言教学法的必要性

第一，高校学生的特点为应用任务型语言教学法提供了条件。高校学生具备丰富的英语基础理论知识和一定的英语实习经历。因此，他们能够充分发挥自身优势，在完成学习任务时快速高效，并确保任务质量。这使得在英语教学中应用任务型语言教学法能够事半功倍地达到预期效果。

第二，课程的实用性要求为任务型语言教学提供了依据。任务型语言教学法要求所学课程必须具有实际可操作性，注重在实际操作中学习。大学英语教学的最终目标是使学生能够在实际工作中有效运用英语完成任务。因此，这一教学目标为应用任务型语言教学法提供了重要依据。

第三，大学英语教学的要求与任务型语言教学原则完全相符。大学英语教学的最终目标是培养具备丰富的英语知识和人文科学知识，熟练掌握英语语言应用技能，并能在教学、翻译、交流和研究等领域担任复合型高质人才。这一培养目标与任务型语言教学的原则完全一致，有利于任务型语言教学的实施。

三、英语教学中任务型语言教学法的应用途径

大学英语教学对于学生的语言能力提高和专业发展具有重要意义。在大学英语教学中，采用适当的教学方法和创新的教学模式是促进学生学习的关键。下面将从词汇教学、听说教学、阅读教学、教学创新和语法、阅读、写作技巧的重要性等五个方面，详细扩展关键点的内容。

第一，词汇教学。在大学英语词汇教学中，采用任务型语言教学法可以帮助学生掌握正确的单词拆分方法。通过设置有趣的任务和活动，学生可以在实际语境中运用所学的词汇，提高学习效果。此外，多媒体辅助教学也是激发学生学习兴趣和提高记忆效果的重要手段。通过音频、视频等多媒体资源，可以生动地呈现词汇的用法和应用场景，使学生更加深入地理解和记忆单词。

第二，听说教学。在大学英语听说教学中，任务型语言教学法同样具有重要作用。通过使用视听资料、情景模拟和实际工作情境等方式，可以培养学生的听说能力。视听资料可以提供真实的语言输入，帮助学生熟悉真实语境下的英语表达；情景模拟可以让学生在虚拟的情境中练习口语表达，增强实际应用能力；实际工作情境的模拟则可以让学生在真实的工作环境中进行语言交流，培养实际应用能力。

第三，阅读教学。在大学英语阅读教学中，采用精读和快读相结合的方法可以有效提高学生的阅读能力。通过设置学习任务和相关问题，学生被引导去寻找和理解文本中的关键信息。此外，小组讨论等协作学习的方式可以激发学生的思维和讨论能力，帮助他们更好地理解和解决问题，提高英语阅读水平。

第四，教学创新。高校英语教学需要不断创新，积极应用任务型语言教学法。这种教学方法可以激发学生的学习兴趣，提高他们的积极性和教学效果。通过设计真实的任务和活动，学生可以在实践中运用所学的英语知识，增强语言运用能力。同时，教师也可以充分发挥指导和辅导的作用，帮助学生解决问题和提高学习效果。

第五，语法、阅读和写作技巧的重要性。大学英语的基本语法、阅读方法和写作技巧对学生的实际工作和专业研究具有重要意义。语法是英语学习的基础，掌握正确的语法规则可以帮助学生准确表达思想。阅读是获取信息和扩大知识面的重要途径，通过培养良好的阅读习惯和技巧，学生可以更好地理解和应用文本信息。写作技巧则是学生进行学术研究和专业交流的关键，通过学习写作技巧，学生可以更准确、流畅地表达自己的观点和想法。

总而言之，大学英语教学需要通过任务型语言教学法和创新的教学模式来激发学生的

兴趣和提高教学效果。在词汇教学中，结合多媒体辅助教学可以增加学习的趣味性和记忆效果。在听说教学中，运用视听资料、情景模拟和实际工作情境可以培养学生的听说能力。在阅读教学中，采用精读和快读相结合的方式，设置学习任务和相关问题，帮助学生提高阅读水平。教学创新是大学英语教学的重要方向，应积极应用任务型语言教学法，激发学生的学习兴趣和积极性。此外，语法、阅读和写作技巧对学生的实际工作和专业研究至关重要，应重视和创新英语教学模式，培养学生的语言能力和专业素养。通过这些措施，可以更好地提高大学英语教学的质量和效果，促进学生的综合能力发展。

第三节 英语教学中微信公众平台的应用研究

大学英语是高校学生学习的公共基础课，大学英语的学习效率及效果在很大程度上影响着学生的整体学习效果。在实际教学过程当中，受传统教学理念与模式的影响，教师与学生之间的互动甚少，以致教学效率偏低。伴随科学信息化技术的发展，微信逐步普及。微信的普及与广泛应用不仅加强了人与人之间的沟通，而且为人们获取信息提供了更多渠道。"将微信公众平台引入大学英语教学的实践当中，非常有利于师生之间的沟通，实现大学英语教学效率的提高"[1]。

一、微信公众平台的认知

公众号是一种利用公众账号平台实现自媒体活动的媒体性行为活动。通过这个平台，商家可以申请公众微信服务号，进行二次开发，以展示微官网、微会员、微推送、微支付、微活动等功能，从而形成一种线上线下微信互动的营销方式。最初，微信公众平台主要面向名人、政府、媒体和企业等机构，推出合作推广业务。但随着微信公众平台的升级，微信公众账号被分为订阅号和服务号，组织可以申请服务号，而组织和个人都可以申请订阅号，个人无法申请服务号。普通公众账号可以推送文字、图片、音频、视频等内容，而经过认证的账号拥有更高的权限，并且推送的图文信息也会更加漂亮。

公众号为商家提供了更广泛的交流平台。商家可以通过在公众号上发布信息，与消费者进行信息互动。同时，商家也可以通过公众号推送优惠券、折扣信息等，提高品牌知名度和用户忠诚度。此外，公众号还可以举办各种活动，增加品牌曝光率，提升用户黏性。

---

[1] 皮谨煜，龙珊珊. 微信公众平台在大学英语教学中的实践应用研究 [J]. 海外英语，2019 (1)：75.

不仅如此，公众号还可以通过广告植入、平面展示、软文推广等方式，获取曝光和流量。可以说，公众号已成为现代网络市场营销的重要手段之一。

二、英语教学中微信公众平台的应用优势

随着信息技术的迅速发展，教育领域也开始探索利用互联网平台改进教学方式。以下探讨微信公众平台在英语教学中的应用与效益，着重阐述三个方面：突破传统教学的物理限制，促进师生交流与互动，提供学习成果展示的平台。

第一，突破传统教学的物理限制。传统英语教学通常受到时间和空间的限制，教师和学生必须在特定的教室内进行面对面的教学。然而，微信公众平台的应用为英语教师提供了突破这些物理限制的机会。教师可以通过微信公众平台实时发布教学内容，学生可以根据自己的时间和地点进行学习。这种灵活性不仅提高了学习效率，也使得教学变得更加便捷和便于组织。同时，教师还可以通过微信公众平台提供在线答疑服务，及时解答学生的问题，增强学生的学习体验。

第二，促进师生交流与互动。传统的英语教学往往是单向的知识灌输，学生缺乏主动参与的机会。然而，微信公众平台的双向信息传递特性促进了师生之间的交流与互动。教师可以通过发布问题、讨论话题等方式引导学生参与讨论，激发学生的思考和表达能力。学生们也可以通过微信公众平台提出问题、分享观点和经验，与教师和其他同学进行互动。这种互动的教学模式不仅使学生更加积极主动地参与学习，还提高了师生之间的沟通效果和教学质量。

第三，提供学习成果展示的平台。学生在学习过程中，积累了许多学习成果和创意作品，而微信公众平台为他们提供了一个展示的平台。学生可以通过在公众平台上发布文章、照片、视频等形式展示自己的学习成果，与他人分享和交流。这不仅满足了学生的精神需求，增强了他们的学习积极性和自信心，还可以为其他同学提供学习的参考和激励。同时，教师也可以通过微信公众平台对学生的学习成果进行评价和指导，实现更加个性化的教学。

综上所述，微信公众平台在英语教学中的应用带来了许多积极的效益。首先，它突破了传统教学的物理限制，实现了随时随地的学习；其次，微信公众平台促进了师生之间的交流与互动，改善了传统的单向教学模式；最后，它为学生提供了展示学习成果的平台，满足了学生的精神需求，增强了他们的学习积极性和自信心。因此，教育工作者应积极探索微信公众平台在英语教学中的应用，借助现代技术的力量提升教育质量，为学生提供更好的学习体验。

三、英语教学中微信公众平台的实践应用

第一，微信公众平台可用于加强学生综合学习能力训练，通过建立微信群和推荐英语学习公众号等方式，提高学生的听、说、读、写能力。在大学英语教学中，学生的综合学习能力是非常重要的。而微信公众平台提供了一个便捷而有效的平台，用于加强学生的综合学习能力训练。教师可以通过建立微信群，邀请学生加入，并引导学生参与各种英语学习活动和讨论。此外，教师还可以推荐一些优质的英语学习公众号，供学生关注和学习。这些公众号提供丰富的听力材料、口语练习、阅读文章和写作指导等资源，能够帮助学生在听、说、读、写方面得到全面的提升。通过微信公众平台的互动性和便捷性，学生可以随时随地进行学习和交流，充分利用碎片化时间进行英语学习。他们可以在微信群中进行口语对话练习，共享学习笔记和心得体会。同时，他们也可以关注优质的英语学习公众号，阅读其中的英语文章并进行理解和思考。这种多样化的学习方式，有助于学生全面提升英语综合能力，培养流利的口语表达能力、准确的听力理解能力、高效的阅读能力和清晰的写作技巧。

第二，微信公众平台可作为辅助学习工具，帮助学生补充英语知识和拓宽视野，通过发布英语图文、短视频等形式，促进学生主动学习英语。在大学英语教学中，学生的英语知识储备和视野的拓宽是非常重要的。微信公众平台可以作为一个辅助学习工具，帮助学生补充英语知识和拓宽视野。教师可以通过微信公众平台发布英语图文、短视频等形式的内容，向学生提供丰富多样的学习资源。通过微信公众平台发布的英语图文内容可以涵盖各个语言层次和主题，从基础单词和常用表达到高级语法和学术写作技巧，帮助学生系统地学习英语知识。同时，教师还可以推荐一些优秀的英语学习网站、博客和视频资源，让学生通过点击链接进一步拓宽自己的学习视野。此外，微信公众平台还提供了便捷的学习方式，学生可以根据自己的学习进度和兴趣选择学习的内容和形式。他们可以随时随地通过手机浏览微信公众号中发布的英语学习内容，不再受限于时间和地点。这种主动学习的方式有助于激发学生的学习兴趣和积极性，提高他们的学习效果。

第三，利用微信公众平台组建不同层次的微信学习小组，根据学生实际情况布置具有针对性的学习任务，提高学习效率和效果。在大学英语教学中，学生的学习效率和效果是教师关注的重点。首先，通过微信公众平台的群聊功能，教师可以将学生分为不同的学习小组，每个小组都有自己的学习任务和学习计划。教师可以根据学生的英语水平、学习需求和兴趣爱好来安排不同的学习任务，如阅读指定文章、完成听力练习、参与讨论等。教师可以定期检查学生的学习情况，并给予必要的指导和反馈；其次，通过微信学习小组的形式，学生之间可以相互学习和交流，共同解决学习中的问题和困惑。他们可以分享自己

的学习方法和心得体会，相互激励和帮助，形成良好的学习氛围。这种小组学习的方式可以提高学生的学习兴趣和动力，培养合作意识和团队精神，进一步提高学习效率和效果。

第四，改善传统作业布置方式，利用微信公众平台发布作业并实现在线上传，方便学生随时查阅和教师审阅，提高学习效率并及时指导学生。首先，在传统的作业布置方式中，学生需要在课堂上听取作业要求，然后手写完成作业并在下次课上交。这种方式存在一些不便之处，如学生可能忘记作业要求，作业纸张可能丢失或损坏，学生与教师之间的交流有一定的延迟等；其次，利用微信公众平台，教师可以方便地发布作业要求和相关资料，学生可以随时随地通过手机查阅作业要求。此外，学生可以通过微信公众平台将作业进行在线上传，不再受限于纸张和时间，方便教师及时查阅和评阅作业；最后，通过微信公众平台的作业布置方式，学生可以随时查阅作业要求和教师的评语，及时了解自己的学习进展和问题所在。教师也可以通过微信公众平台给予学生针对性的指导和建议，帮助他们提升学习水平，这种即时的反馈和指导有助于学生及时调整学习策略，加强薄弱环节的练习，提高学习效率。

总而言之，微信公众平台在英语教学中具有许多应用优势。它不仅能够加强学生的综合学习能力训练，提供丰富多样的学习资源，还能够组建学习小组、发布作业并进行在线上传，提高学习效率和效果。教师和学生可以充分利用微信公众平台的功能，实现更加灵活、便捷和个性化的英语教学方式，促进学生的全面发展和英语能力提升。

第四节 英语教学中计算机辅助语言教学的应用研究

大学英语课程致力于为学生培养英语综合应用能力，如听、说、读、写，以期为他们未来的工作、学习与社交打好坚实的基础。当计算机技术用于语言教学中，它不仅能够提升学生自我学习的能力，同时也能够提供更多的信息资源，从而在提高学生整体素质和教学水平方面起到积极作用。计算机辅助语言教学基于声音、视频、图片、文字等各种资源，满足目前大学英语教学的基本需求。实践中，有效地运用计算机辅助语言教学，确定科学，规范的教学计划，能够不断改进大学英语教学模式，提高学生综合素养，为培养更多优秀的现代化建设人才做出贡献。

一、计算机辅助语言教学概述

计算机辅助语言教学是现代教育技术的一种新型教学模式，越来越受到教育领域的关注。在应用计算机辅助语言教学的过程中需要了解其特点，扬长避短，把握其辅助教学的实际作用，为教学任务的顺利开展奠定良好的基础。值得注意的是，计算机辅助语言教学虽然可以继承传统教学模式的优点，但并不能完全取代教师的工作内容。如果把教师在黑板上讲授的内容简单地搬到计算机屏幕上，效果并不好。此外，如果使用的教育软件不合适，还可能起到一些不良的负面效果。因此，在实际应用过程中，要根据教学目标、教学内容和学生的特点，综合各种教学模式的特点，以突出计算机辅助语言教学的优势为前提，最大限度地利用计算机技术，提高教学效率和学习效果。

二、英语教学中计算机辅助语言教学的应用优势

第一，优化教学环境，激发学生兴趣。在微信公众平台的计算机辅助语言教学中，采用多样化的应用形式能够激发学生对英语的兴趣。通过使用视频、音频、图像等多媒体元素，吸引学生的积极性和热情。同时，情境教学模式的有效应用使教学内容更加有层次，提升了教学效果。计算机辅助语言教学具有交互性、共享性和继承性等优势，为学生提供了多样化的选择，使他们能够随时验证教学效果，并持续改善教学环境。

第二，多维信息输入，扩大知识面。通过微信公众平台的计算机辅助教学，学生能够接触到多维度的信息，扩大了他们的知识面。计算机辅助教学帮助学生打通思维障碍，加深对大学英语知识的理解。同时，利用丰富的信息资源，学生能够了解中西方文化差异，注重文化视角的切换。通过计算机辅助教学，学生在学习英语知识的同时也能对相关文化背景有一定的了解。

第三，创设真实情景，吸引学生注意力。微信公众平台的计算机辅助语言教学提供了真实的情景，激发了学生的学习兴趣，并能够持续维持这种兴趣。教师注重多媒体技术的综合应用，使用生动的图片、影视资料和相关背景知识，让学生身临其境，提升学习兴趣和学习效果。

第四，计算机辅助语言学习促进个性化学习。微信公众平台的计算机辅助英语学习降低了学习者的语言焦虑，增强了他们的学习自信心。学习者能够在相对轻松的学习氛围中接受教学，缓解紧张和焦虑的情绪。与传统的公开场合不同，学习者不必担心被纠正错误，这有利于他们的外语习得和学习效果。通过微信公众平台的个性化学习，学习者能够更好地适应自己的学习节奏和风格，提高学习的效果和效率。

总体而言，微信公众平台的计算机辅助语言教学在优化教学环境、扩大知识面、创设真实情景和促进个性化学习等方面发挥了重要作用。通过多样化的教学形式和信息输入，激发学生的学习兴趣，并提供真实的情景和个性化的学习体验，使学生能够更好地理解和应用大学英语知识。微信公众平台的计算机辅助语言教学为学生提供了更加灵活和便捷的学习方式，为大学英语教学注入了新的活力和可能性。

三、英语教学中计算机辅助语言教学的应用策略

第一，明确教学目的。在计算机辅助语言教学中，明确教学目标、教学大纲和预期效果是关键步骤。教师应清楚确定教学目标，明确期望学生在英语学习中达到的水平和能力，并制定相应的教学大纲。这样可以提高计算机辅助语言教学的针对性和实效性。明确的教学目的使教师能够更好地设计和选择适合的教学内容和方法，以促进学生的学习效果。

第二，注重多种教学模式的结合。在计算机辅助语言教学中，教师应注重多种教学模式的结合，以提供多样化的学习体验。合理安排教学方式，如情境教学、合作学习、个性化学习等，能够发挥计算机辅助教学的功能。教师可以通过视频、音频、图像等多媒体形式呈现教学内容，让学生在互动中积极参与，提高学习效果。

第三，体现学生的主体作用。计算机辅助语言教学应强化学生的主体作用，以学生自主学习为中心，教师则作为学生学习的服务者和指导者。这需要改变传统的教学模式，注重学生的学习兴趣和需求，提供适合不同学生的学习资源和学习任务。通过让学生参与讨论、小组合作、项目实践等形式，激发学生的学习动力和创造力，从而提升英语教学效果。

第四，提升英语教师对多媒体的操作能力。为了有效地利用计算机辅助语言教学的优势，英语教师需要掌握多媒体操作流程，熟悉各类教学软件和工具的使用方法。教师应加强对多媒体技术的培训和学习，提高自己的操作能力。这样教师才能更好地引导学生选择和使用网络资源，根据学生的特点和需求，合理应用多媒体技术，提升英语教学的针对性和实效性。

第五，加大多媒体软件教学开发力度。为了满足计算机辅助语言教学的需求，需要加大对多媒体软件教学的开发力度。教育机构和教师可以重视多媒体软件的研发和使用，提供更多优质的教学资源。通过开发适合不同教学内容和教学目标的多媒体软件，为学生提供丰富的学习材料和互动活动，营造良好的网络教学环境。这样可以实现事半功倍的教学效果，提升英语教学的质量和学生的学习参与度。

综上所述，大学英语教师在计算机辅助语言教学中应充分认识其优势，并采取相应措施提升教学效果。明确教学目的、注重多种教学模式的结合、体现学生的主体作用、提升对多媒体的操作能力，并加大多媒体软件教学开发力度，这些举措能够提升英语教学效果，激发学生的学习兴趣和积极性，促进他们在英语学习中取得更好的成果。大学英语教师在教学实践中应积极探索和应用计算机辅助语言教学，为学生提供更优质的英语学习体验和教学支持。

参考文献

[1] 昌盛. 高职院校英语教学资源库的建设研究［J］. 校园英语, 2020（24）：59-60.

[2] 陈洁. 基于微课的大学英语教学策略研究［J］. 校园英语, 2022（3）：12.

[3] 陈思孜. 多元文化视域下高校英语教学理论与有效方法研究［J］. 科教导刊-电子版（上旬）, 2021（3）：233.

[4] 陈素清. 英语与信息技术教学融合的现状及其发展趋势分析［J］. 考试与评价, 2018（4）：125.

[5] 郭巧棉. 基于信息化的大学英语数字化教学资源与教材建设［J］. 福建茶叶, 2019, 41（10）：146.

[6] 郭亚培. "互联网+"背景下大学英语教学有效方法探析［J］. 校园英语, 2022（26）：84.

[7] 何彬. 线上线下相结合的大学英语混合式教学模式探究［J］. 英语广场, 2022（6）：102.

[8] 何金, 李伟. 多模态理论指导下的大学英语词汇教学特点浅析［J］. 辽宁师专学报（社会科学版）, 2017（4）：46-47.

[9] 滑少枫. 大学英语线上资源的整合利用与教学实践研究［J］. 教育理论与实践, 2021, 41（36）：53-56.

[10] 黄晶伟. 多模态教学模式在大学英语教学中的应用［J］. 黑龙江科学, 2019（20）：88-89.

[11] 黄炜. 计算机辅助语言教学在大学英语教学中的应用［J］. 中国科教创新导刊, 2009（31）：177.

[12] 李红霞. 大学英语教学研究［M］. 天津：天津科学技术出版社, 2017.

[13] 李培云. "互联网+"时代信息技术与高校外语教学融合发展创新研究［J］. 校园英

语，2021（35）：178.

[14] 李松. 大学英语混合教学中合作学习与自主学习集成模式探究［J］. 人文之友，2021（6）：87-88.

[15] 李小蓉. 创客教育理论在英语教学中的运用与实践研究［J］. 课程教育研究，2018（38）：117-118.

[16] 刘红杰. 慕课在大学英语教学中提高英语运用能力的应用研究［J］. 才智，2020（15）：117.

[17] 吕宁. "互联网+"背景下大学英语翻转课堂教学模式探微［J］. 金融理论与教学，2019（05）：110.

[18] 马丽. 高校英语教学目标中读听写的关系研究［J］. 新教育时代电子杂志（教师版），2017（3）：33.

[19] 孟范英. 智慧学习环境下英语课堂教学改革策略探析［J］. 教学与管理（理论版），2019（9）：102-105.

[20] 莫英. 信息化背景下大学英语教学改革与创新思维［M］. 成都：四川大学出版社，2018.

[21] 皮谨煜，龙珊珊. 微信公众平台在大学英语教学中的实践应用研究［J］. 海外英语，2019（1）：75.

[22] 王晓磊. 大学英语听说自主学习平台的移动学习模式研究与实践［J］. 海外英语（下），2021（4）：164.

[23] 王怡云. 基于慕课视角下大学英语混合教学模式的构建路径探索［J］. 校园英语，2021（22）：85.

[24] 魏丽珍，张兴国. 高校英语教学的生态特性及教学定位探究［J］. 环境工程，2022，40（2）：2.

[25] 魏琴. 信息化背景下大学英语教学研究［M］. 长春：吉林人民出版社，2020.

[26] 西晶，西颖. 大学英语听说法在教学中的实践研究［J］. 才智，2014（27）：86.

[27] 肖可，刘土英. 英语教学中文化渗透的必要性及其方法［J］. 校园英语（教研版），2011（6）：4.

[28] 肖展. 认知法指导下的大学生英语学习策略探究［J］. 佳木斯职业学院学报，2017（8）：378.

[29] 闫美荣. 大学英语自主学习语境创设［J］. 现代英语，2020（20）：121.

[30] 袁静. 大学英语语法教学的重要性及其课堂教学模式探讨［J］. 科教文汇，2021

(2)：176.

[31] 张海会. 多元智能理论在大学英语教学中的实践应用及其启示［J］. 沈阳工程学院学报（社会科学版），2011，7（2）：265-268.

[32] 张静. 大学英语教学中培养学生反思性学习能力研究［J］. 现代英语，2020（20）：46.

[33] 张薇. 全身反应法在大学英语教学的应用［J］. 中国科教创新导刊，2011（19）：84.

[34] 周莉，刘殿刚. 任务型语言教学法在大学英语教学中的实践应用［J］. 中国教育学刊，2015（S1）：73.